藏在地形裡的日本史

（文明・文化篇）

從地理解開日本史的謎團

目次

第18章 【番外篇】埃及人爲何要建造金字塔？②（吉薩三座巨大金字塔之謎）

大廈的反射／吉薩的金字塔之謎／出現在尼羅河口的淺灘沙洲

壯大的三角洲地標／三座金字塔

推薦序

打開連通歷史和地理的門

李拓梓（《自由評論網》人氣專欄「政治的日常」專欄作家）

竹村公太郎的《藏在地形裡的日本史》出版新的一冊，的確是讓喜愛日本史的讀者欣喜的消息。在第一冊裡，竹村打開了一扇連通歷史和地理的門，不僅為其專業的土建工程提供歷史的根柢，也讓他熱愛的歷史問題有了更具挑戰性的解釋。

過去讀書的時候，歷史和地理是分開的兩門科目，歷史往往針對史料爬梳，地理則針對氣候、地形做出淺介。史料的爬梳有時流於細節，遇到難解的謎題時，往往因為資料的空白而找不到解答；而地理的知識若缺乏縱向的時間考量，就會流於平面。

因此大學時第一次讀到黃仁宇的《中國大歷史》時大為驚嘆。黃土國家、治水與國家能力、十五寸雨量線等這些地理概念，在研究者的筆下，確實影響了國家權威的組成和發展，甚至因河川的流向變化、氣候的變遷，也可能改變政治的組成結構。

竹村公太郎的《藏在地形裡的日本史》，也是基於地理變遷可能改變歷史的角度而思考的著作。竹村不是歷史學者，他出身土木工程，因為對歷史有興趣，投入了和土木建築有關的歷史寫作，而活躍於公共論壇當中。竹村的專業成熟期間，正好是日本「土建國家」的高峰，這種國家全力投入基礎建設，而基礎建設成就進步國家的邏輯，透過如「日本列島改造論」這樣的主張，一步步落實在日本社會當中。

也因為這樣的經驗，讓竹村有機會透過工作，更深入地認識他所投入的工程背後的歷史因緣，也讓他從官僚身分退休後，繼續投入了歷史寫作行列。相較於黃仁宇具學術背景的的大部頭作品，竹村並不是學者，他的文章大都短小精悍，一般讀者都可以在任何場合輕鬆閱讀。

無論是上一冊裡的「忠臣藏」，或是這一冊引用的歌川廣重「東海道五十三次」、上野西鄉隆盛銅像等，都是讀者耳熟能詳的典故，透過竹村的地理書寫，挑戰讀者的既有知識，以地理知識提供歷史謎題不一樣的解答，確實非常有趣。

譬如，日本為何能成為長壽國家？竹村認為是因為自來水加了「液態氯」而改善了飲水品質，但他遍查資料，都無法得知這是如何成就的偉業。直到發現細菌專家出身、曾任台灣民政長官的後藤新平，在外務大臣任內因參與了協調日軍遠征西伯利亞的任務，而發現了軍用液態氯的存在。後來日軍撤兵，研發液態氯的工廠不知該如何是好，正巧後藤出任東京市長，想出了以液態氯消毒自來水的方法，不僅緩解了經濟就業的問題，也對日本公衛環境的提升有巨大的貢獻。

竹村也提到德川家整治利根川的水利事業，過去一般都認為這是關八州繁榮的關鍵原因。但竹村認為，德川治水並非僅止於造就繁榮，更重要的是基於防禦江戶的需求，而利根川東移有助於防禦來自北方伊達政宗的侵略。只是後來天下太平，就沒人記得家康最初的戰略目的了。

當然，書中也有不少有趣的知識，譬如品川的鐵道涵洞為什麼特別小？竹村從浮世繪中發現，過去品川一帶的火車為了避免經過高輪一帶的大名府邸，因此建在防波提上，而涵洞本來是給船行駛的，後世填海造陸後才成了供車輛行駛的超小涵洞。

談到上野公園的西鄉隆盛像，過去都認為是為了鎮壓「彰義隊」而存在，但竹村以監造者、曾任初代台灣總督的樺山資紀在監造過程中的折衝苦惱為經，加上自己現場測量的實作經驗為緯，認為銅像並非如傳說中刻意遮蔽彰義隊墓地，而且身著浴衣的凡常裝扮，也不在凸顯西鄉的軍人身分，因此推翻了鎮魂假說。

著名韓國學者李御寧在其著作《日本人的縮小意識》裡觀察到「縮小意識」的獨特現象，卻提不出原因，竹村也在書中做出相當不錯的解釋。他引用廣重的作品，以日本人經常步行旅行來說明，這是為了旅行輕鬆盡量精簡打包、縮小裝備，而成為日本的特殊文化，以此來解釋縮小意識，的確是有趣而讓人折服的推論。

還有，他在第一冊提到大阪城內「石山本願寺」的遺址，到了第二冊又詳加解釋此地為何為兵家必爭之地，並以大阪附近「浪速」、「攝津」、「難波」等地名來證明大阪過去是濕地，和今天的地形地貌明顯不同，這是對過於習慣這些地名，而忘了思考字面背後意義的讀者最有趣的歷史提示。

談到各國國旗，竹村也有興味盎然的發現。他發現溫帶國家會用太陽當作國旗圖騰，炎熱的熱帶國家則大都選擇星星或月亮。他推論這是基於溫帶國家有日出而作、日落而息的需求；但在溫暖的熱帶，大太陽只會讓人中暑，星星、月亮所帶來的涼爽感覺比較受歡迎，這也是相當獨到又有說服力的見解。

然而，由於竹村的作品不是學術著作，難免有推論不周或思考跳耀的狀況，譬如他以歌川廣重的作品來解釋江戶的木材已砍伐殆盡，但細細考察廣重或稍早的北齋作品後，就會發現樹林仍然經常是畫作中的重心，而且蓊鬱茂盛。我相信江戶的木材確實有竹村所說開發過度的問題，但廣重的作品能否作為證據，有點令人懷疑。

《藏在地形裡的日本史》既然不是學術作品，寫作的目的主要也是為了給讀者的既有知識帶來挑戰，因此我認為這些有挑戰性但不見得周全的推論，應該是瑕不掩瑜，既滿足了讀者的興趣，也為謎題帶來了具有挑戰性的解釋。

這幾年來，歷史研究逐漸擺脫了單純的史料搜集，進入了社會、經濟、政治甚至氣候地形等跨領域的比較研究範疇。這些研究的成果也逐漸從專業領域，流動到一般讀者都可輕鬆閱讀的公共知識領域。像竹村這樣充滿熱情又勤奮認真的寫作者，對於這些公共知識的傳遞可說功不可沒。

閱讀兩冊《藏在地形裡的日本史》是非常有趣的經驗。我在閱讀時常因為他的靈光一現而感到驚喜，想知道他到底發現了什麼。竹村看到大家所沒看到的點，並提出挑戰性的答案，雖然其推論不見得周全，但能刺激讀者的知識和想像。也許這些知識偏冷，有些豆知識的成分，然而竹村在字裡行間，對於「知識」始終抱持著想要發現問題、解決問題的熱情，令人非常感動。

作者序

混沌的學生時代

我在仙台度過六年的大學生活，那是我第一次離開父母及兒時的朋友獨自生活。大一適逢東京奧運，整個社會蓬勃發展與成長，學生運動也開始蔚為風潮。

在如此激烈變動的社會中，我遇到許多意想不到的人，被許多從未想像過的事件搞得暈頭轉向。我一一思考這些難以理解的人事物，邊煩惱邊向前邁進。

為了搞懂這個令我暈頭轉向的龐大社會，我閱讀了許多書籍，和朋友不斷討論，但在這個過程中，卻只是一再發現這個社會如此龐大且令人無從掌握。最後我唯一理解到的，就只有自己思考的界限所在以及知識不足而已。

就這樣，我懷抱著無法釐清的混沌情緒離開大學，進入了社會。

《文明生態史觀》的衝擊

進入建設省約二十年來，我以水壩技術員的身分在川治水壩、大川水壩、宮瀨水壩等建設工地，不斷地與地形、氣候搏鬥。之後又調職前往日本各地，從事與治理河川、保護國土相關的行政工作。

三十歲左右，我在會津若松市的水壩工地閱讀了梅棹忠夫教授的《文明的生態史觀》，讓我備感震驚。不過比起書中的內容，更讓我吃驚的是，一位動物學起家的理科生態學者竟然能夠論述人類的文明。

梅棹教授的研究方法讓我學習到：「要理解這個人類所創造的社會，也就是文明，不僅能透過哲學、社會經濟學等人文領域，即使是理科的生態學，也能找到攀登文明這座高山的路徑。」

說明地形與氣象

之後我離開建設現場，從事解說公共事業的相關工作。

解釋公共事業其實相當困難。因為基礎建築作為社會的底層結構，往往難以被一般大眾看見和理解。

若以舞台劇來比喻，基礎建設就是支撐舞台的支架，而主角永遠是舞台上演出的演員。他們不會注意到舞台下的支架。不，應該說，他們無需注意，只需以美好的演技在舞台上演繹人生即可。

現實社會也是如此。主角是努力走在人生道路上的眾人，宛如支架的基礎建設則支撐著眾人的生活。不過，人們卻看不到這些基礎建設。看不到的東西本來就難以理解，所以要解釋這些看不見的基礎建設，是非常困難的事。

自從我察覺到這一點之後，便不再針對基礎建設進行說明，而是開始解釋基礎建築所置身的地形與氣象。

說明地形與氣象很簡單。畢竟數十年來我都在和地形與氣象搏鬥，因此對它們瞭若指掌。

文明的結構模型

不過，說明地形與氣象時，不能只說到地形與氣象而已，還要自然而然地提到矗立於地形與氣象上的基礎建設。接著，提及作為基礎建設的底層結構之後，再提到各種在其上方運作的人類活動。

不知從何時開始，人類社會也就是文明的模型，似乎已有了固定且鮮明的印象。

文明是由底層結構與上層結構所組成，底層結構支撐著上層結構，而此底層結構又奠基於地形與氣象之上。只要底層結構紮實可靠，上層結構就能開花結果；底層結構若衰弱無力，上層結構也會跟著衰竭。

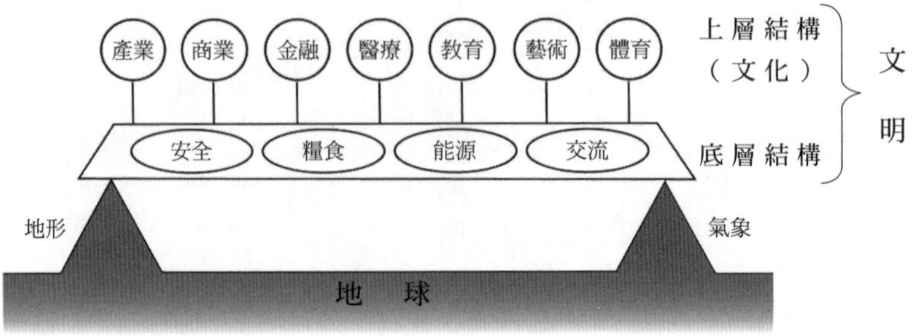

然而，社會的底層結構並非只是單純的土木建設。底層結構由「安全」、「糧食」、「能源」、「交流」四個機能所組成。

文明的結構模型如上方圖示。

從地形與氣象推翻歷史與文化的既有理論

不知不覺中，我在不斷說明地形與氣象的同時，也開始把關注的視線轉向人類，也就是在舞台上演繹人生的演員。

令人吃驚的是，原來在舞台上演繹的演員，其演技發揮都受制於舞台本身。不，應該說，正是舞台的限制，規範了演技的發揮。

自從察覺到此一現象後，我便開始刻意將焦點從底層支架轉向台上的演員。意即，我開始將重點從各地的地形與氣象，轉向住在當地的居民。

一旦將焦點從地形、氣象轉向眾人，便會發現諸多與至今習得的歷史文化概念截然不同之處。我便把這些令人吃驚的歧異寫成了文章。

在二〇一三年十月發行的《藏在地形裡的日本史》（日本史の謎は「地形」で解ける）中，我記錄了諸多關於歷史的新發現及其令人訝異之處。

例如，織田信長火燒比叡山延曆寺的原因，其實並非當今廣為流傳的說法，「因為僧侶支持淺井氏」、「為了庇護天主教」、「為了將寺廟勢力下的商業權利據為己有」，而是在從滋賀翻山越嶺前往京都時，「逢坂一帶的地形」令織田信長畏懼不已。

過去，織田信長本人曾在桶狹間的山上擊敗擁有壓倒性龐大軍力的今川軍。而今，織田軍在相反的情勢下，則害怕從比叡山緊盯逢坂山岳地帶的僧侶會故技重施，因此決定藉由火燒山來徹底擊敗比叡山。

挑戰世界最高峰的「金字塔」謎團

從地形與氣象的角度看歷史，會產生一連串的驚喜與新發現。將這些新發現與驚喜撰寫成冊時，彷彿也形成了一條攀登文明之山的明路。

這條地形與氣象的山道上尚無人跡，盡是一片新雪。在學生時代，由於社會與文明龐大的規模，我一度放棄攀登這座文明之山。四十年後，我利用在土木工程現場習得的地形與氣象知識，再次挑戰這座文明之山。

不過，文明依舊如此龐大，走在山道上也才發現，處處被濃霧包圍，因此難以行走；又或者迷失在樹海中，然後從未知的出口走出。或許不該說自己在攀登文明之山，目前只是呈現在山麓間來回遊走的狀態罷了。

本書不只說到歷史，話題還擴及至日本人的心情、勤勉性以及日本人發明的將棋等，多虧PHP文庫的中村康教先生，煞費苦心地將這些越來越看不到統一性的文稿編輯、整合成「文明．文化篇」。

此外，我在番外篇更挑戰了世界最高峰的謎團：「為何要建造金字塔？」

在某個國際會議上，我闡述了本書第十七、十八章的金字塔理論。當時，一位與會的初老男性舉起了手，慢慢站了起來。

「我是埃及開羅大學的教授。」

我頓時繃緊了神經。他繼續說：「我曾聽聞許多金字塔論，直到今天我才第一次聽到關於金字塔建設的合理見解。」在我放心的同時，喜悅也從內心泉湧而出。

第1章

日本為何沒有淪為歐美列強的殖民地？①

——從地形與氣象的角度檢視

十九世紀中葉，歐美列強將世界各地納為殖民地後，也虎視眈眈地衝著日本而來。當時正施行鎖國政策的日本，就這樣被歐美列強包圍，陷入即將被納入殖民地的四面楚歌。

然而，日本最後不但沒有淪為歐美的殖民地，還華麗地從德川幕藩體制成功變身為民族國家，接著更轉變為世界上最後一個帝國主義國家。英雄志士在幕末到明治這段時期創下的精彩故事，不斷為後世反覆歌頌，這些英雄也成為近代日本人的原點。

我們的目光總是輕易地被英雄華麗的身姿所吸引。然而，為何日本沒有淪為殖民地？其理由絕不只是在英雄的故事中就能找到答案，而是由各式各樣複合性的因素交織而成。

多年來，我一直思考著這個問題。有一天，我看到了一幅畫，畫中描繪了下關戰爭時英國陸戰隊自長州登陸作戰的情況。十七艘四國聯軍艦隊襲擊長州，最後卻依然輸給了長州藩。畫中也清楚描繪了列強失敗的原因。

到底為何歐美列強未能征服日本？他們明明擁有日本望塵莫及的船堅炮利，但在面對日本時，他們究竟在猶豫什麼？

◇從地形與氣象看歷史

英雄總是佇立於歷史的核心位置。西元前五世紀，希羅多德曾說：「這就是他們的故事！」創造了「歷史」一詞。歷史，也就是History，意即某個人闡述另一人的故事——His-Story（他的故事）。因此，歷史總是傾向以人物——特別是以英雄為中心 來描繪。

然而，至今我仍沉浸於基礎構造的世界之中，總不自禁從基礎建設的角度來看歷史。

若將歷史比喻為一齣舞台劇，那麼歷史的基礎建設就是由舞台、大型道具組合而成的舞台裝置。活躍於歷史中的英雄，便是在這些舞台裝置上展現演技的演員。眾人紛紛評論演員的演技，卻沒有人對舞台裝置發表意見。正因為多年來我從事基礎建設的相關工作，因此總十分在意舞台裝置等基礎構造。

幕末時期，歐美列強擁有強大武力，對日本虎視眈眈，日本面臨了即將淪為殖民地的重大危機。為何日本最後能逃過一劫？

我打算忘記活躍於幕末的英雄，從歷史的基礎構造凝視那個時代。所謂基礎構造的視角，就是日本地形與氣象的視角。

貪婪的歐美列強

十九世紀，歐美列強接二連三地將非洲、亞洲及太平洋列島等地納為殖民地。這些成為殖民地的國家與地區都有一個共通的特性。

那就是，他們激發了歐美列強的欲望。

非洲可說是奴隸的寶庫。不只奴隸，非洲還有象牙、黃金，甚至鑽石。

東南亞則坐擁可作為乳膠原料的茂密林地，以及適合種植綿花、紅茶或香料的土地，同時又有順從而勤勞的勞動力。再加上東南亞也生產礦，甚至在二十世紀挖到了石油。

南太平洋清澈的海面上則散落塞班島等無數小島，居民個個溫和又坦率。為了讓這些小島成為專屬的度假勝地並取得太平洋的制海權，歐美列強紛紛將太平洋群島納為殖民地。

非洲、亞洲及太平洋群島成了殖民地，無一不刺激著歐美人貪婪的渴望。

歐美列強前進日本

十九世紀中葉，歐美列強及俄羅斯帝國開始接觸頑強採取鎖國政策的日本，由美國率先登陸日本。

一八五三年，培里（Perry）海軍將領率領了四艘美國艦隊，出現在江戶灣入口處的浦賀外海。相較於當時平均五十噸大小的日本船隻，被稱為「黑船」的蒸汽船薩斯喀那號（USS Susquehanna）足足有二千四百噸，徹底震懾了日本人。

培里帶著美國總統的親筆信自久里濱登陸，黑船則更深入江戶灣，彷彿帶著鄙視江戶幕府的眼光一般，在巡航了橫濱、芝浦外海等地後才返回美國。

翌年，一八五四年二月，培里提督再次造訪日本。這次率領的艦隊增加到七艘，以強大的武力壓境。江戶幕府在鴉片戰爭時，已見識過英國戰艦大砲驚人的遠距離射程，因此不得已，只好與美國簽訂了《日美和親條約》（神奈川條約）。

自此，日本從鎖國走向開國。

繼美國之後，法國艦隊、英國艦隊、俄羅斯艦隊都開始疾速接近日本。

一無所有的日本

列強在戰艦上透過望遠鏡，由北到南仔細觀察了日本列島，派遣生物學家和地質學家上岸。他們以養病、研究等名義來往於日本各地，採集日本列島上的各類植物與礦物。

日本列島的地質與氣象極其多元，到處都有讓歐美科學家嘖嘖稱奇的岩石和植物，不斷激發他們的學術好奇心。然而日本列島上，卻沒有能刺激歐美列強貪饞渴望的元素。

日本列島沒有象牙、鑽石，金礦也早已挖掘殆盡；沒有能製造乳膠的樹種以及適合種植小麥、大豆或綿花的大片土地，當然也沒有像太平洋群島那樣溫暖的度假天堂。

此外，日本列島上有許多受過高等教育、好奇心旺盛的居民，但卻沒有適合作為奴隸的勞動力或願意大量購買鴉片的人。

這樣的日本列島，沒有能刺激歐美人欲望的元素。

取而代之的是，這裡充滿了歐美人畏懼不已且厭之入骨的大自然。

災害頻仍的日本列島

一八五四年三月底，歐美人在《日美和親條約》簽訂後不久，就遇上了從未經歷過的強烈地震。

一八五四年七月，日本發生了芮氏地震規模七．二的安政伊賀地震。伊賀、伊勢、大和一帶，共有約一千八百人死亡。然而對歐美人來說，這只是恐懼的開始罷了。

同年十二月二十三日，發生了芮氏地震規模八．四、規模巨大的安政東海地震，震源推定是在駿河灣至遠州灘一帶。接著，三十二小時後的十二月二十四日，紀伊半島外海一帶又發生了芮氏地震規模八．四的安政南海地震。安政東海地震與安政南海地震共導致約一萬人至三萬人死亡。

特別是安政東海地震更引發了巨大的海嘯襲擊了自房總到伊豆與熊野的沿岸地帶，讓停泊於伊豆下田的俄羅斯軍艦黛安娜號（Russian frigate Diana）首當其衝，被大海吞噬。

接著，翌年十一月十一日，首都江戶發生了芮氏地震規模六．九的直下型大地震——安政江戶地震。共有三十多處住家倒塌並引發火災，丸之內、本所、深川一帶災情慘重，死亡人數約七千人至一萬人。

在這一連串安政三大地震後的約九年間，日本陸續發生了約三千次餘震。這些餘震讓登陸日本列島的歐美人極度恐懼且痛苦不已。

日本列島的災害不只地震而已。一八五八年，自長崎爆發的傳染病霍亂一路蔓延至江戶，共造成二十萬人死亡，是為江戶時代最大的災害。

此外，一八五九年的大雨導致利根和隅田川潰堤，整個江戶市中心都淹沒在水中。

在《日美和親條約》簽訂後五年內，日本列島使歐美人陷入無比的恐懼中。這座災害列島徹底澆熄了歐美人的欲望。

再者，歐美人與俄國人不僅因為日本的地震、水災等自然災害而頭疼。光是日本列島的地形本身，歐美人就難以招架且頭痛不已了。

薩英戰爭與下關戰爭

在《日美和親條約》簽訂十年後，一八六三年至一八六四年間，提倡攘夷的薩摩藩與長州藩不斷與歐美列強發生武力衝突。

一八六二年，在橫濱郊外的生麥一帶，四名英國人擾亂了薩摩藩的行軍隊伍，薩磨藩士便殺傷了其中三名英國人。一八六三年，雙方的賠償談判破裂後，英國派遣七艘艦隊出擊薩摩，在鹿兒島城附近的前之濱下錨停靠，進入備戰狀態。

薩摩藩的本營設在英國大砲射程外的山上，準備以港灣內的八十座砲台迎戰。歷經整整兩天的砲擊戰後，薩摩的城下町共有五百戶人家被燒毀，但軍隊以外只有五名死者。

另一方面，英國有十一人死亡，包括旗艦艦長、副艦長在內，加上彈藥、燃料消耗殆盡，使得英國不得不在三天後撤退至橫濱。圖①的畫作所描繪的便是薩英戰爭，畫面後方可見連綿的山岳。

一八六三年，攘夷先鋒長州藩封鎖了關門海峽。一八六四年為報復長州藩此舉，英國、法國、美國、荷蘭四國聯軍艦隊共十七艘戰艦，載著二千名兵力攻擊長州，因而引爆了下關戰爭。

圖① 薩英戰爭的情境

出處：《繪畫中的幕末明治》（雄松堂書店）

下關戰爭爆發之際，長州軍的主要軍力都因為蛤御門之變而受困於京都，只能靠著大約一千五百名的非正規突擊隊及一百三十座砲台，應戰四國聯軍。

經過三天的艦砲射擊後，長州藩的砲台全數覆沒。圖①描繪的便是英國海軍部隊佔領長州砲台的情境。

這兩次戰爭都因為歐美列強壓倒性的強大戰艦與軍火，而多被評為歐美獲勝。然而，這真的是正確的評價嗎？

不敗的地形

薩英戰爭發生時，薩摩藩將本營設置在後方山地，希望藉此與英軍拉開距離。因為一旦撤退到山裡，不論多厲害的堅船利炮，都將束手無策。薩英

照片① 下關戰爭中英軍佔領長州砲台

圖片提供：長崎大學附屬圖書館

戰爭究竟孰勝孰敗，至今依然眾說紛紜，沒有定論。

不管怎麼說，英國戰艦將泱泱大清帝國打得體無完膚，卻無法完勝薩摩藩這區區一個地方藩，則是不爭的事實。

至於下關戰爭，歐美聯軍佔領長州的砲台，英國陸戰隊進而登陸並進攻了下關一帶。圖②描繪的是其上岸後的戰鬥情況。

從圖②中可見，茂密的山林聳立於英國陸戰隊進攻路線的前方，而面向山林的地形中央則是大片梯田，左右兩旁都是林地。

這是日本人相當熟悉的景致，但卻是歐美人從未看過與接觸過的陌生地形。

日本列島大約七成是高低地伏的山地，即使是平地，也大都是令人感到潮濕且不快的濕地。進攻的軍隊若不是一腳踩進潮濕的田地，

圖② 英國陸戰隊登陸作戰

出處：《繪畫中的幕末明治》（雄松堂書店）

導致速度頓失、難以大舉進攻，就是必須沿著狹窄的坡道向上攀爬，使得隊伍頓時形成細長又脆弱的縱隊，不但不利於戰鬥，還成為躲在兩側樹木後方突襲的日本游擊隊的囊中物。

最後，英國陸戰隊仍然沒辦法成功佔領下關。

歐美軍隊擅長的作戰手法，是以強大的騎兵隊迅速展開進攻並壓制敵軍。然而，此一絕招卻被日本地形徹底封印住了。既然在陸戰上毫無斬獲，當然也無法將這片土地納入殖民地了。

圖③是十九世紀歐洲的戰爭畫作，從中可見作為戰鬥主力的騎兵團奔馳於陸地的模樣。

在繩文時代，日本的沖積平原仍沉於海底，之後沖積平原才隨著海平面下降，河川、土石堆積而浮現地表，但只要一下雨，此處就會變

圖③ 奧斯特里茲戰役（The Battle of Austerlitz）
拿坡崙率領法軍打敗俄羅斯與奧地利聯軍的戰役（1805）

圖片提供：Aflo

成排水不佳的濕地。

佔日本面積七成的山地與一成的濕地，阻止了歐美列強擅長的騎兵登陸。

一無所有的日本列島，不但無法激起歐美人的欲望，而且是讓歐美人恐懼不已的災害列島。此外，日本列島更坐擁了十分險峻的地形，導致騎兵團無法發揮他們的實力。

正是日本列島的氣候、地形等自然因素，守護日本不受歐美列強的侵略。

第2章

日本為何沒有淪為歐美列強的殖民地？②

——日本第一條奔馳於「海上」的鐵道

歐美列強將非洲、印度、亞洲各地納入殖民地，接二連三地侵略日本，日本只差臨門一腳便淪為歐美的殖民地。然而，日本巧妙化解了歐美列強的壓迫，不僅幕藩封建體制在一夕之間轉變為民族國家，之後更化身為最後一個帝國主義國家。

歐美列強殖民他國的原則是「分裂統治」。他們分化該國的權力階級，也讓地方自治體開始相互懷疑。在如此分化與懷疑蔓延之際，列強引發內戰、消耗該民族國力，最後再樹立傀儡政權並進行統治。

日本可說是最適合進行分裂統治的國家了。照理來說，應可輕易納入殖民地。因為日本列島如此細長，而且兩百多藩的地方政權各自獨立，這些條件最適合內部分裂。然而，日本卻乾脆終結了封建體制，轉向一個人民自治的民族國家。

的確，地方政權自願放棄權力，轉向集權於一處的中央集權國家在世界歷史的常識裡不可能出現。所以究竟是什麼促進了這種無流血的社會大改革呢？

這道謎題的答案就藏在基礎建設裡。

日本近代化之謎

在ＪＲ東日本品川站與田町站之間，有座天花板異常低矮的隧道。照片①便是隧道的告示板，車輛的高度限制僅一．五公尺，寬度也很窄，僅容許單向通車。車頂燈過大的計程車在通行時，燈箱上方幾乎都要摩擦到隧道天花板了。從照片②、③可見行駛於隧道中的車輛與行人狀況。

在這座低矮、狹長的隧道上方，正是日本最大規模的鐵道路線匯集區間，山手線、京濱東北線、橫須賀線、東海道線及新幹線、貨運等列車來回行駛其中。

近年來，從汐留到品川的面海地帶，矗立起一座座摩天辦公大樓與住宅大廈，而這座隧道也成為連結第一京濱國道與海岸地帶的重要交通要道。

我曾致電詢問ＪＲ東日本的電話客服：「為何品川到田町之間的隧道天花板那麼低？」對方回答：「那屬於一般道路的隧道，ＪＲ東日本無從得知。」

於是，我又詢問了管理公路的東京都芝浦港南地區綜合分局土

照片①　隧道的告示板

照片②　品川至田町的高輪高架橋JR線

照片③

攝影：作者

木科，他們則回答：「前國鐵（譯註：國鐵即日本國營鐵道，之後轉為民營化，為ＪＲ前身）才是開鑿這座隧道的單位，東京都公路管理局只是接手，所以去問ＪＲ吧。」

不論是鐵道或公路，都主張這座低矮的隧道並非自己的管轄範圍，而導致這座隧道如同失去了親生父母的孤兒一般。

為何這座隧道這麼低又這麼窄？

這道謎題的答案就隱藏在近代日本誕生的過程中。

行駛於海上的蒸汽火車

一八七二年（明治五年），蒸汽火車發出的汽笛聲響遍新橋至橫濱的區間。

對幾千年來的日本人來說，牛和馬是車輛的動力，自然風力則是船隻的動力。

一八五三年（嘉永六年），美國培里提督率領載有巨砲的黑船，出現在日本人眼前。燃燒煤炭的蒸汽，是驅使這艘黑船的動力——原來，熱氣可以做為驅動交通工具的強大動力！這點深深震撼了日本人，也讓日本人徹底懾服於歐美文明。

於是，象徵近代文明的蒸汽能源化身為蒸汽火車，在日本國土登場。在攝影尚未普及的年代，許多畫師紛紛畫下蒸汽火車的模樣。連同新橋停車場與橫濱港的風景，他們畫下了蒸汽火車，並將畫作重點放在高輪一帶。

那是因為蒸汽火車在新橋至品川之間的高輪一帶行駛於海面上。在許多畫作中，都可以找到蒸汽火車奔馳海中的畫面。圖①三代目廣重的作品《東京品川海邊蒸汽車鐵道之實景》便是其中一幅。畫作名稱裡的「實景」指的是實際的景致。

許多行人和馬車來回行走在以往的東海道上，也就是現在的第一京濱國道，至於蒸汽火車，則優雅地吐煙行駛於對側的海濱堤防上。

請各位仔細觀看這幅畫中的堤防：上頭設有隧道，一艘小漁船正打算鑽進隧道下方。這是因為堤防建於海上，所以捕魚的船隻進出堤防時都要仰賴隧道。

畫中描繪的小小隧道，便是今天ＪＲ線品川至田町間這座不可思議的低矮隧道。浮世繪畫師早就清楚明白地描繪了這座孤兒隧道誕生的瞬間。

東京
品川

圖① 《東京品川海邊蒸汽車鐵道之實景》（三代目廣重）

出處：山口縣立山口博物館

為何要行駛於海上？

當鐵路開通時，新橋至橫濱間的路段是單線道，如今已成為多線道的鐵路，行經路線也不斷增加成二條、四條、八條，奔馳其中的東海道線、橫須賀線、山手線、貨運等路線顯得相當繁忙。每當有新路線沿著海岸擴建，隧道也會不斷向外海延伸。

海濱一帶也跟著展開多次填海造陸，不久後便再也看不到漁民的身影。浮世繪中潛入隧道中的小漁船雖然消失了，但周邊居民依然利用隧道潛入鐵軌下方，以便通行。因此，東京都接手此一隧道後，便將其當作一般道路來管理。

這就是那座低矮異常隧道的誕生祕密。然而，就在得知隧道誕生的緣由後，新的疑問又產生了。

為何日本第一條鐵道要蓋在海上？

欲解答這個謎題，只要觀察江戶晚期的古地圖，便可輕易得出答案。請參考圖②——江戶晚期高輪一帶的古地圖。

自新橋的汐留通向品川宿的前東海道，沿路盡是薩摩藩、肥後藩、細川藩、紀伊家、松平家等威名遠播的大名建造的中屋敷與外屋敷（譯註：江戶時代大名在江戶城周邊建造的宅邸，依居住者、規模與功能分為上屋敷、中屋敷等），埋葬忠臣藏四十七烈士的泉岳寺也在其中。

明治時代之後，以前的大名依然住在這裡；當然這些大名不會允許吐著黑煙的蒸汽火車自藩邸門前通過，因此都紛紛大力反對鐵路建設。

鐵路事業遇上了麻煩的土地徵收問題，眼看就要失敗受挫。就在此時，突然有人提出異想天開的建議：不如在海上興建防波堤，讓蒸汽火車駛於上吧！畢竟海上沒住人，不用擔心有人會反對。雖然海上有以漁業維生的漁民，但只要在下方建造隧道，讓小船通行。

於是，蒸汽火車避開了以前大名的宅邸，選擇走在海上。

事實上，優雅奔馳於此的蒸汽火車，正是引發日本社會重大變革的引爆裝置。

由地形撐起的江戶封建社會

日本列島的地形極其獨特。

脊梁山脈位居列島的中央地帶，無數河川自此流向日本海與太平洋，這些山地、海洋與河川便這樣隔開了日本各地。繩文時代，所謂的平原都是一片汪洋。在河川土石堆積下，這些淺海地帶逐漸浮出海面，成為沖積平原。人們為了種稻，開始住在盆地與沖積平原上，而山地、海峽與河川依然隔開了這些平地。

圖② 江戶末期的古地圖（高輪周邊）

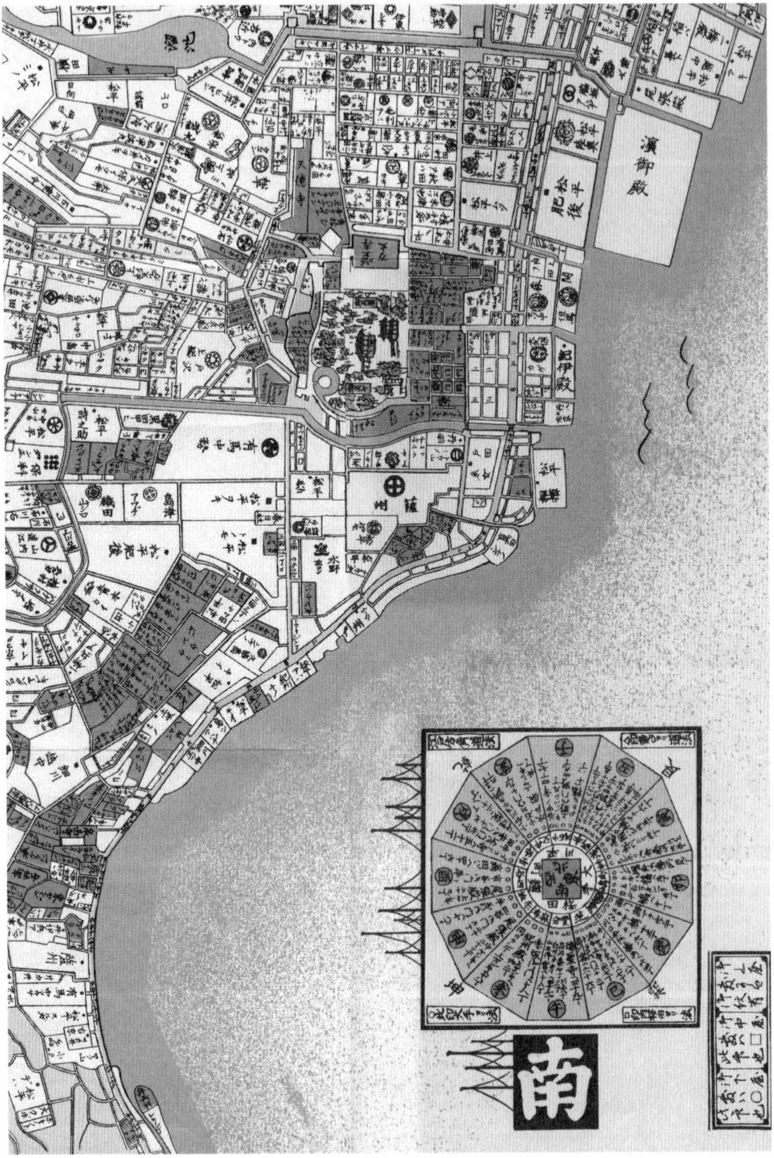

出處：須原屋茂兵衛版（資料提供：古地圖史料出版株式會社）

歷經漫長的戰亂時代後，德川家康平定天下，日本走向和平。各地大名向江戶幕府表明恭順臣服之意，收起對霸權的野心，而成為地方上有權有勢者。

在世界史中相當罕見而且明確堅固的封建制度，就此在日本登場。

至今的研究大都從江戶幕府的參勤交代（譯註：江戶幕府規定的制度，每隔一年，大名都必須前往江戶執行政務）、協助外發工程（譯註：お手伝普請，江戶幕府命令各大名進行大規模的木土建設）、藩領移封（譯註：大名將領地移至他處）、大名解任等政治與社會層面，來探討江戶封建社會的形成與延續。然而，江戶幕府運行的巧妙工夫，其實遠遠超過這些層面。

江戶幕府以山地、海峽、江川等為區隔，利用日本列島的地形來分配各大名的領地。圖③便是全日本河川流域的分布圖。全國各大名的領地都分布於各條河川流域之間。

各大名在分配到的領地上引河水灌溉、防洪與開墾農地，也因為領地巧妙地依流域進行劃分，即使便大力開墾持有的領地也不會與鄰國發生衝突。

各大名在以流域進行劃分的土地上，確立起穩定的地方政權。

日本列島的流域地形，讓權力得以在地方上確實劃分，進而建構出明確堅固的封建社會。

然而，接下來此一頑強的封建社會，卻成為走向近代化的最大障礙。

圖③ 日本河川流域區分圖

從封建轉向中央集權

一八五三年，黑船來航。一八六八年，日本結束鎖國政策，改年號為明治，開始邁向近代國家。

歐美列強因握有蒸汽機這種具有壓倒性力量的引擎，而紛紛將非洲、中東、印度、東南亞、太平洋群島與大清帝國納入殖民地。

其殖民地政策的原則為「分裂統治」（Divide and Rule，亦稱分而治之）。列強樹立殖民地的手法，便是擴大該國權力階級的分裂，讓地方勢力彼此懷疑，進而引發內戰。當內戰耗損國力之際，列強便樹立起傀儡政權並統治該國。

日本也面臨被分化與淪為殖民地的危機。為了避免成為歐美的殖民地，日本必須終結分散於各地勢力的幕藩封建體制。

日本的封建社會，非常適合因海峽、山脈與河川而彼此阻隔的流域地形。然而，這種由地形所形塑的頑強地方主義與封建社會卻必須在此時結束，將分散各地的權力、人才與財富集中於首都東京，建構出一個團結的民族國家「日本」，才能脫離險境。

對明治新政府來說，首要的政治課題是廢藩置縣。可以說，各種誕生於明治維新的政治糾葛，都歸因於廢藩置縣所引發的問題。

正當西鄉隆盛、大久保利通等負責政權運作的政治家為廢藩置縣等政治課題而苦惱時，有人已打算從基礎建設來改變封建社會，走向近代。他們要建造一個裝置，串連起海峽、山脈與河川所阻隔的地形，讓人們都能集中到東京。

這個裝置便是蒸汽火車。

◇鐵道帶來的衝擊

推行此一鐵道計畫的核心人物是大隈重信和伊藤博文。

時間回溯至十多年前的一八五五年，佐賀藩建造了日本第一輛以酒精發動的三十公分蒸汽火車模型。當時，年僅十七歲的年輕佐賀藩藩士大隈重信也在場，他驚訝地目擊了這輛蒸汽火車模型。大隈重信從此確信，日本若要實現近代化，鐵道絕對有其必要。

進入明治時代後，蒸汽火車的計畫便開始具體化。起初，此計畫一口氣建設了東京至京阪神的鐵道路線。但因所需經費過於龐大，未能得到大久保利通、西鄉隆盛等新政府代表的首肯。

為了打破僵局，此計畫先開通首都東京至已對外開港的橫濱，共二十九公里的路線。一八六九年（明治二年），大久保利通、西鄉隆盛等人終於勉為其難地同意動工。

雖然建設區間縮短為新橋至橫濱，但新政府在財政上依然困窘。於是，大隈重信便向英國販售日本第一張債券，才好不容易籌到資金，導入英國的技術，然後實現了新橋至橫濱區間的鐵路。

日本人親眼目睹蒸汽火車運行，由衷感到震撼。只要一小時，蒸汽火車就能從東京開到橫濱，甚至不用一分鐘，就能橫跨多摩川與鶴見川。這兩條河川至今作為領地界線與區域劃分，竟如此輕易就被跨越，河川的阻隔機能也就此消失。

大久保利通的厲害之處，便在於他瞬間體悟了這條鐵路帶來的社會衝擊。至今仍不斷反對鐵道建設的他，在搭乘火車後的日記中寫道：「百聞不如一見，這次的體驗太令人愉快了。若少了鐵道建設，國家勢必無從發展。」

自此，明治政府投資鐵道建設便不再手軟。

一八八九年，新橋至名古屋、京都、大阪、神戶的鐵道全線開通。一八九一年，上野至福島、仙台、盛岡、青森全線開通，自新橋至橫濱開通以來才不過三十多年，日本的鐵路網從北海道至九州，已綿延七千公里以上。

鐵路貫穿日本列島後，撐起江戶封建社會的阻隔性地形便合而為一。一八九〇年舉行的第一屆帝國議會，彷彿象徵了此一創舉。

鐵道的出現讓全日本的國民了解到，終生受困於地方的時代結束了。從現在起，是將人民的力量集中於東京的時代了。

鐵路乘載著來自日本各地的人才與資金，將他們運往東京集中。於是，近代日本的首都——東京便就此誕生了。

日本阻止了歐美列強的分裂統治，變身為以東京為核心的統一民族國家。不論是政治、社會體制的急遽變化，或是一口氣實現的近代化，明治時代的種種創舉在國際上都堪稱奇蹟。

有眾多議論與分析，探討日本奇蹟似的社會改革與近代化背後，各路英雄的作為與政治糾葛。

然而，卻沒有人聚焦於串連起日本列島阻隔性流域地形的基礎建設——將日本人集中到東京的鐵道這項奇蹟上。

一八七二年（明治五年），日本第一聲汽笛響徹新橋的雲霄。

這聲汽笛不但宣告日本人將遠離習以為常的流域式社會，更成為轉向集權東京的近代文明的禮砲。

第3章

誰讓日本人的平均壽命呈V字形成長？

——代表生命泉源的自來水與大正十年之謎

日本人的平均壽命是世界第一。說到長壽的理由，通常都提到日本人愛好清潔、日本醫學發達、擁有完善的健保制度等，沒有人將自來水基礎建設與長壽連結在一起做討論。加上近年來保特瓶礦泉水及飲料的普及，日本人早忘了可供飲用的自來水有多重要，自然更不會聯想到自來水與長壽的關聯。

然而，只要放眼世界上的新興國家與開發中國家，便會了解自來水往往大大影響人民的生命與健康，無疑是最重要的建設。於是，我開始調查日本人平均壽命與自來水的關聯。

這是一個龐大迷宮的入口。

若仔細端詳日本近代的自來水歷史，便會發現不能一言以蔽之，雖然聲稱日本的近代自來水系統造就了日本人的長壽，但也曾經有自來水成為凶器、危害日本人性命的時期。之後，這危險的自來水又成功轉變為拯救日本人性命的生命之水。日本近代的自來水歷史，著實歷經了一番複雜的發展過程。

在日本近代自來水發展的戲劇性轉變上，有位人物扮演了關鍵性的角色。穿越迷宮，我終於找到了這號人物。

平均壽命的V字形大逆轉

在二十世紀即將結束的一九九七年，我正著手調查「自來水與日本人壽命的關聯」。其中，養老孟司先生的一席話，是讓我決定展開調查的關鍵：「醫療的影響其實極其有限，社會基礎建設對人們健康的影響才更重要，遠遠超過醫療。」於是，我設立了一個假說：「近代自來水系統對日本人壽命的增長有所貢獻。」開始一一舉證與調查。

我將明治之後日本人壽命與自來水的普及率製成圖表，進行比較，而發現了其中的微妙之處。

大正之後，日本人的平均壽命與自來水的普及成正比，兩者都不斷攀升；如今，日本已是全世界第一長壽的國家。不過，平均壽命的增加並非急遽地直線增長，這點讓我覺得相當奇妙。

自明治晚期到大正十年左右，平均壽命呈現下降的趨勢，而且在大正十年（一九二一年）來到最低，只有四十二·七歲。之後突然開始逆轉，一路增長至今。這著實令人感到不可思議。

自大正十年起，日本人的平均壽命開始呈現V字形逆轉。

若要理解日本人平均壽命與自來水普及之間的關聯，就必須先解開這道V字形逆轉之謎。

嬰幼兒死亡率下降之謎

「一國人民的壽命長短，取決於幼兒死亡率的高低。」這是眾所皆知的常識。我在調查了嬰幼兒死亡的統計數字之後了解到，嬰幼兒的死亡率與平均壽命之間果然存在著密不可分的關係。

圖①是嬰幼兒死亡率與平均壽命的曲線圖，從中可見嬰幼兒死亡率與平均壽命呈現漂亮的反向交叉。

除了嬰幼兒死亡率之外，我也調查了死亡人數（請見圖②）。自明治晚期至大正十年左右，嬰幼兒的死亡人數持續增加；大正十年之後，嬰幼兒的死亡人數開始減少，而且不只減少而已，還是戲劇性地大幅降低。

大正十年，嬰幼兒死亡人數一度增加到一年三十三萬人，之後突然大幅減少，並一路持續到現在。

這樣的事實非同小可，是值得名留青史、大肆紀念的衛生保健大事件。為了調查背後的原因，我前往當時厚生省（譯註：今日的厚生勞動省前身，類似台灣衛生福利部）的圖書館。因為當時沒有網路，所以調查文獻只能依靠自己的雙腳。

然而，不管我去了幾次厚生省圖書館，看了多少本圖書館館藏，都沒有任何書籍提到關於

圖① 日本人平均壽命與嬰幼兒死亡率的變化

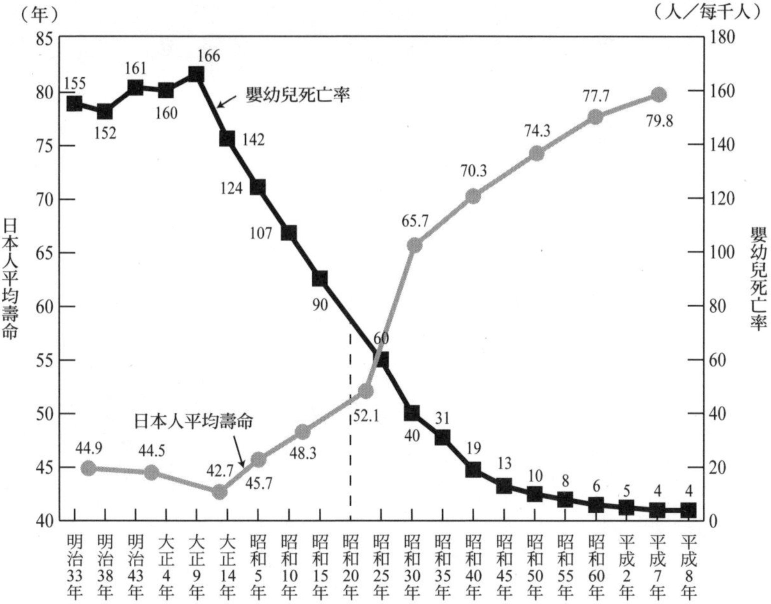

出處：根據日本經濟新聞（1998年7月3日）「經濟教室」與厚生省《人口動態統計》的資料，由作者製作

大正十年前後，這件衛生保建與醫學界的大事。

嬰幼兒死亡人數產生如此戲劇性的驟減，怎麼沒有任何相關記錄呢？

大正十年究竟發生了什麼事？

這道謎題就這樣一直深埋我心底。

解開「大正十年之謎」

一年後，這道謎題偶然地解開了。

我因為工作來到東京灣的台場，剛好台場正在舉辦東京都自來水一百週年紀念展，我趁著空檔前往閒晃，順道看了主要針對一般民眾設計、內容淺顯的展覽。

我在某間設備廠商的展示區前停下

腳步、動彈不得。眼前自來水歷史年表的大型看板，描述了民營業者眼中的百年歷史。看板上寫著：「大正十年（一九二一年），東京市下水道開始加氯殺菌。」

大正十年，下水道開始加氯殺菌！

這就是嬰幼兒死亡率產生戲劇化轉變的原因。

自來水的原始水質本來就含有各式各樣的雜質、細菌，加氯殺菌後，水質會變得安全穩定。沒有殺菌的自來水極其危險，一般大人喝下可能只會導致腹痛，但若讓體力、免疫力都很脆弱的嬰幼兒喝下，則成了攸關性命的大問題。

我再次調查了近代自來水的歷史。令人驚訝的是，自來水沒加氯殺菌就直接配送給一般人民使用的時間，竟長達三十五年之久。

明治二十年（一八八七年），橫濱市開啟了日本自來水配送的歷史。接著，明治二十二年函館市跟進、明治二十四年長崎市、明治二十八年大阪市、明治三十一年東京市與廣島市、明治三十三年神戶市、明治三十八年岡山市、明治三十九年下關市、明治四十年佐世保市等，每個都市都接二連三地設置了自來水系統。

在整整三十五年間，流至各家各戶的自來水都沒有經過加氯殺菌。

為何自來水沒有殺菌？

在明治近代下水道誕生之前，歐洲德國的羅伯特・柯霍（Robert Koch）主張：「感染症的併發，與眼睛看不見的微生物細菌有關。」柯霍接連在一八七六年（明治九年）發現炭疽桿菌、一八八二年發現結核菌，之後又發現了霍亂弧菌，並因此震撼了全世界。一九〇五年，柯霍榮獲諾貝爾生理學或醫學獎。

北里柴三郎師承柯霍，率先將細菌學帶入日本。然而，自來水開始殺菌卻是在大正十年。也就是說，從明治二十年至大正十年的這三十五年間，自來水越普及，未經殺菌的危險水質就越容易危害各地居民。

圖②便是這段慘痛歷史的圖表。

若從取得數據的明治三十二年開始，將嬰幼兒的死亡人數製為柱狀圖，再搭配日本各地導入自來水的年份，便可看出嬰幼兒的死亡人數隨著自來水日益普及而跟著攀升。

大正十年，下水道的加氯殺菌開始後，嬰幼兒死亡人數逆轉，開始大幅減少。

大正十年的謎題解開了。不過，一個新的疑問馬上浮現。細菌的知識在二十世紀初期就已傳入日本了。

為何此後自來水卻一直被忽視，而且始終沒有作為呢？

圖② 嬰幼兒死亡人數與自來水

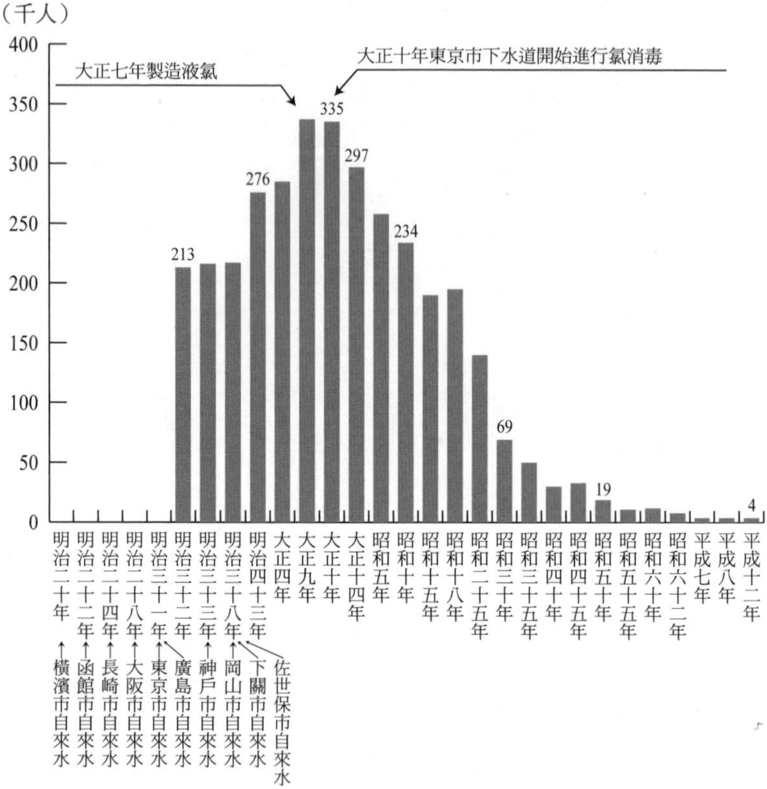

出處：根據厚生省《人口動態統計》的資料，由作者製作

為了解開這道謎題，我又花了一年的時間。

俄國革命與液氯

有一次，我參加各領域工程師齊聚一堂的飲酒聚會，身旁坐的正是任職於重化學工業廠商的工程師。我隨意問了他大正十年的疑問，作為下酒的話題：「為何大正十年之前，自來水都沒經過液態加氯殺菌呢？」

兩週後，我收到他寄來的郵件，上面仔細說明道：「下水道的氯消毒需使用液態氯，直到大正七年液態氯才研發成功。」

同一封信還附上一些古老記錄的影本，保土谷化學工業株式會社（當時的名稱是株式會社程谷曹達工廠）公司歷史的資料影本，上頭確實記載了液態氯的誕生。

上頭以文字簡單記錄：「出兵西伯利亞之際，陸軍向我們公司下訂毒氣的製造，因而研發了液態氯。然而，西伯利亞出兵隨即結束，液態氯沒派上用場。於是便將此液態氯轉而運用於民生上，作為自來水的殺菌工具。」

日本是在大正七年（一九一八年）出兵西伯利亞，前一年大正六年（一九一七年）俄國革命爆發。

日本以援救與托洛斯基率領的十月革命紅軍戰鬥的捷克斯洛伐克軍團為名義，出兵西伯利亞，但背後真正的目的在於推舉俄皇白軍，以加強對滿州鐵路與東部三州的統治實力。

最初，出兵西伯利亞預計由美日聯合作戰。不過，美國在看到日本大舉投入三個師團共七萬人的兵力後，態度轉為警戒，最後轉而反對出兵西伯利亞。到了大正十年，日本在美國強硬反對的壓力下開始撤兵，在大正十一年撤退完成。

液態氯便是在出兵西伯利亞的歷史中誕生。

一直以來，含有劇毒的氯毒氣都是備受矚目的殺敵兵器。不過，氣體的氯毒氣流動性高、容積大，而且難以駕馭，氣體的形式也很難作為武器。但若製成液體，不但狀態穩定，而且容積小，處理起來方便許多。因此，日本陸軍要求化學廠商研發液態氯，而接下陸軍訂單的株式會社程谷曹達工廠也成功研發出液態氯。

然而，出兵西伯利亞卻在轉眼間結束了。液態氯的製造產線與設備全都白費了，當時程谷曹達的相關人士一定呆若木雞地站在生產設備前，無語問蒼天。於是他們靈機一動，決定將此液態氯轉為自來水殺菌的民生工具，讓它有繼續發揮的舞台。

正因為液態氯的問世，自來水的加氯殺菌才得以實現。

然而，下一個疑問馬上湧上心頭。

究竟是誰決定讓此液態氯轉而用於民生上？

究竟是誰？

大正十年，陸軍自西伯利亞撤兵，而液態氯也在此迅雷不及掩耳之際轉為自來水殺菌工具。這個時機掌握得太剛好，彷彿早就等著陸軍撤兵一樣。

乍看之下，清潔、安全無虞的自來水其實蘊含了大量病原體，此一常識也開始逐漸普及於一般人民。

氯雖能有效地為水質殺菌，但若為氣體狀態，卻相當危險、難以處理，做成液態才有辦法輕易掌握自來水殺菌時氯的使用量。

究竟誰在當時的日本擁有這樣的知識？

此外，液態氯的使用具有相當嚴格的社會規範。西伯利亞出兵雖已告終，但製造液態氯作為毒氣兵器一事，仍是國家極為機密的事項。

相信陸軍始終嚴格監控著液態氯。然而，怎麼會在陸軍仍猶豫是否從西伯利亞撤兵之際，就這般輕易地將液態氯轉為民生之用了？

究竟是誰將這項毒氣兵器轉為民生之用？

這道謎題相當難解。我曾諮詢東京都水道局。然而，他們對於如此古早的舊事不予理會。在當時陸軍內部的資料中，當然也都沒有記載。

解開大正十年的液態加氯殺菌之謎，其實純屬偶然。但偶然不會一直持續下去，我也只好放棄繼續解謎。

原來是後藤新平！

有一天，我受邀參加首都圈與大型地震相關的研討會。若要探討日本首都的震災，就不能不提後藤新平。

大正十二年，關東大地震襲擊了日本首都。同年，後藤新平上任為帝都復興院的總裁。他在震災後向政府提出的龐大的東京復興計畫而出名。

為了參加研討會，我事先調查了後藤新平的事蹟，才了解到他為何會被任命為帝都復興院的總裁。在地震發生三年前的大正九年，他正擔任東京市長（譯註：東京市是東京都的前身，在一九四三年廢止，範圍大約等同於現在的東京都二十三區）。

大正九年時的東京市長正是後藤新平！

這麼說來，大正十年東京市率先實施自來水加氯殺菌時的市長正是後藤新平。我開始向前追溯後藤的經歷，才得知原來他是醫學博士出身。

如同後藤新平的綽號「吹牛王」，他的想法相當奔放。由於他擔任臺灣總督府民政長官及滿鐵總裁時期執行的基礎建設都相當出名，我一直以為他是法學或土木工程出身。

後藤新平出生於岩手縣水澤市下級藩士的家庭，自福島縣須賀川醫學校畢業後，便進入內務省衛生局工作。之後他自費前往德國留學。他之所以自費到德國，是為了在「柯霍研究所」進行細菌研究。

後藤新平在柯霍研究所取得醫學博士學位；當時他與北里柴三郎並列，都是日本細菌學的權威。

我們總關注後藤新平在政界、官界的亮眼成績，卻忘了他人生的立足點其實是細菌學。

照片①　後藤新平

出處：日本國會圖書館數位化資料

後來這位細菌學博士擔任東京市長。

我熱中地調查起後藤新平的經歷，然後發現了更驚人的事實。他在成為東京市長兩年前，也就是大正七年，曾擔任外務大臣（譯註：類似外交部長，為日本內閣中最重要的職位之一）一職。大正七年正是出兵西伯利亞之年。身為外務大臣的後藤也親赴西伯利亞指揮出兵作戰。

細菌學專家後藤新平在西伯利亞遇見「液態氯」，兩年後他當上東京市長。

後藤新平成為東京市長後，視察了東京市的下水道設施，親眼見到含有大量細菌的自來水就這樣輸送給市民使用。眼見這番景象，他在腦中開始浮現「必須使用液態加氯殺菌自來水」的想法，相信也是必然的結果。

此外，後藤新平更具備了壓制陸軍反對，並將列為國家機密的液態氯轉為民生用途的「權力」。

我解開最後一道謎題，完成最後一片拼圖，長年卡在胸口上的大石終於砰然落地。

「細菌學者」後藤新平，「以外務大臣之姿遇見了液態氯」，接著他成為「東京市長」，目擊了當時東京下水道的現況。同時他具備壓制陸軍異議，將軍事機密液態氯轉為民生用途的「權力」。

上述這些條件缺一不可。只要少了其中一項，大正十年就不可能出現安全的自來水。日本以大正十年為界線，就此邁向全世界數一數二的長壽社會。文明的重大轉變，竟如此依附於命運性的個人人生。一股難以言喻的不可思議之情因此油然而生。

第4章

家康為何讓「利根川」向東彎曲？

——另一種假說

四百年前，德川家康改變了利根川的流向，將河道改為流向東邊的銚子，史稱「利根川東遷」工程。利根川原是向南流至東京灣的河川，來到江戶的家康相當看重這次利根川改道的工程，甚至任命其四男松平忠吉擔任施工現場的負責人。

為何家康如此重視此一河川改道的工程？

我在《藏在地形裡的日本史》（日本史の謎は「地形」で解ける）第一章中，便從「地形」的角度來闡述家康進行此項工程的目的。

也就是說，是為了讓利根川的洪水流向銚子，保護南關東不受利根川洪水威脅，進而開發廣大的農地。但這個「與利根川之水奮戰」的說法，不過就是一種假說罷了，還有其他說法能解釋家康此次工程的目的，同樣是一個從「地形」的角度來解釋的假說。

家康並非「與利根川之水奮戰」，而是「將利根川之水納入己方」，這是完全相反的觀點。

即使限縮於地形的領域，歷史詮釋也能如此截然不同，這也解釋了為何歷史小說永遠這麼受歡迎。

家康放鷹狩獵

家康放鷹狩獵（譯註：利用訓練過的老鷹等進行狩獵）相當有名。據說，他一生放鷹狩獵千次以上。相信他隱居駿府（譯註：現今靜岡縣靜岡市）時的放鷹狩獵只是單純的娛樂，但在那之前的放鷹狩獵，其用意絕對是「地形調查」。

日本戰國時代的戰場，打的都是士兵短兵相接的激烈肉博戰，事先確保對己方有利的地形是絕對必要的條件。

家康從小作戰到大，顯然相當明白事先調查地形的重要性。

然而，若在戰爭開始前就在接壤鄰國處旁若無人地到處亂走，一不小心就會演變成挑釁，徒然給對手生事的藉口。因此，家康採取了放鷹狩獵這種頗具玩樂性質的輕鬆形式。

放鷹狩獵的陣丈相當浩大。從圖①重現東照宮御祭禮之放鷹狩獵隊伍的繪卷中，可見許多老鷹訓練師「鷹匠」列隊其中。

與其藉由流血作戰得勝，讓對方看到實力相差懸殊而屈服，不如不戰而勝，這才是最好的戰勝之法。其實展現己方軍力也是放鷹狩獵的目的之一。即使明白這是家康的陣營在示威，但既然名目是放鷹狩獵，對方為了保持自己的面子也不好多說什麼。

一五九〇年，家康受命移封（譯註：大名等遷移領地至別處，一五九〇年豐臣秀吉命德川

圖片① 東照宮御祭禮繪卷之鷹匠隊伍（局部）

狩野常信筆，日光東照宮藏

家康移封至江戶）後，放鷹狩獵的重要性也日益增強了。

◇關東的地形調查

一五九〇年，豐臣秀吉制服了關東的統治者北条氏，達成實質上的統一天下，緊接著秀吉便命家康自駿府移封至關東。

從以下兩個要點得知，此一移封其實是降職。

首先，自江戶城放眼望去，整個關東平原盡是蘆葦蔓生的荒蕪濕地。再者，自應仁之亂（譯註：發生於十五世紀室町幕府時期，大名之間的內亂）後，數十年來關東一帶都是由北条氏統治；雖然北条臣服於秀吉，但關東各地仍有為數眾多的北条派世族。

家康的家臣對於秀吉這招以移封為打壓之計，都感到憤慨不已。

然而，家康卻沒有時間憤怒。他必須盡早將廣大的關東納入己方陣營。此時正值一決天下的關原之戰前十年，與豐臣家的戰役已迫在眉睫。

家康沒有整修殘破不堪的江戶城；事實上，一直到關原之戰前，他都沒待在江戶城內，而是到處放鷹狩獵。在關東各地都留下家康放鷹狩獵的記錄，其足跡自江戶一路向西延伸至廣闊的武藏野台地、多摩川以及橫濱、三浦半島，向北則遠至秩父、群馬，向東則遠至房總半島。

家康威風凜凜的行軍隊伍也震懾了各個世族，因而成功收服關東、將其納入自己的統治下。家康在這一連串的地形調查旅行中，也發現了防衛關東的重大弱點。

防衛關東的假想敵是奧州（譯注：日本過去的國土劃分名稱，大約在今天的東北）的年輕霸主——伊達政宗。與北条氏結為同盟的伊達政宗，也從東北虎視眈眈地注視關東。

天然要塞關東平原

圖②是電腦繪製現今關東地區的陰影地形圖。

圖② 現在的關東

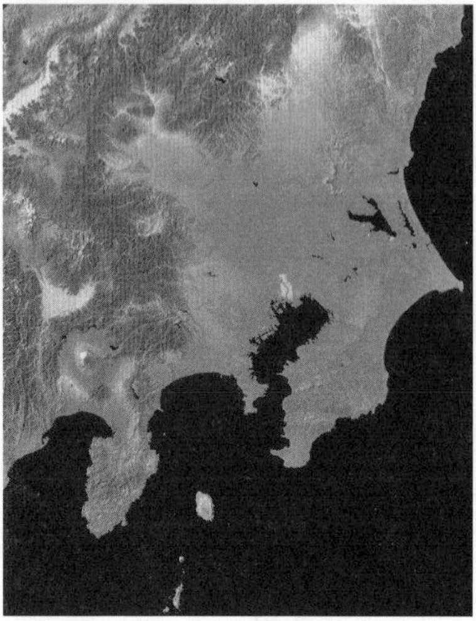

圖③ 繩文前期的關東
（海平面上升了五公尺）

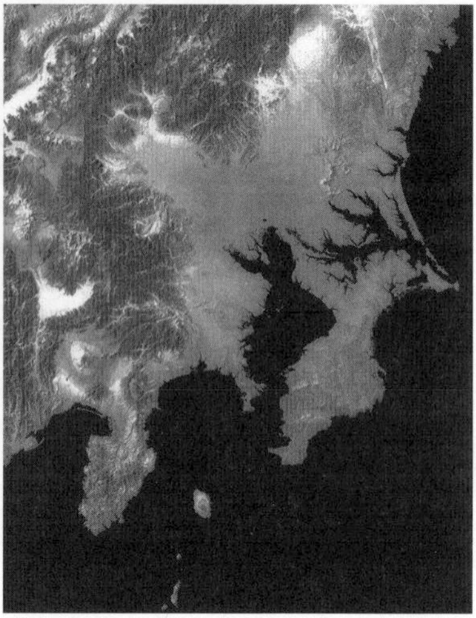

六千年前的海平面比現在高了約五公尺，海水一直蔓延至關東地區的深處。
圖片出處：一般財團法人日本地圖中心

圖③是六千年前左右繩文時代前期的地形圖。在繩文時代前期，海平面較現在大約上升了五公尺；此圖是以電腦繪製出海平面上升五公尺後的地形圖，從中可見關東平原還沉在海平面下。

圖④則是家康移封江戶時的關東地形圖。進入江戶時代時，海平面已經下降。曾經沉沒海底的地區成為利根川、荒川等河川堆積砂石之地，而這些土石也堆積形成大片濕地。白色部分就是廣大的蘆葦濕地。

一旦下雨，江戶灣就會漲潮，濕地一帶便會浸水，而且多日不消。

這片濕地在防衛上可謂極其有利。濕地水淺，不僅軍船無法行駛其中，步行的士兵也會因腳下的泥沼而難以行動，進而成為弓箭的箭靶，讓家康陣營能夠盡情掃射。

關東的西側圍繞著相連箱根、富士、山梨、群馬等地的險峻山脈；東側則是數條大河和廣袤的濕地，這些都是關東的天然要塞。

然而，這座堅固的要塞仍有盲點。日本都城的防守盲點似乎總出現在東北角，平安時代的盲點則是長岡京（譯註：平安時代的京城所在，現為京都府長岡京市、向日市一帶）東北角的逢坂；江戶的盲點也一樣在東北方，也就是現在的埼玉、茨城、千葉三縣交界處的關宿一帶。

◇江戶的盲點——關宿

圖⑤再現了江戶時代關東河川的走向。

荒川源自秩父山地，利根川源自淺間、三國與赤倉一帶，渡良瀨川源自足尾，這三條河川在關東平原上的流向都是從東轉向南，並在流經濕地後匯入江戶灣。

三條大河與濕地一層又一層地守護著關東，使其免於受到東北威脅。

此外，關東平原的東邊還有自日光山脈流下的鬼怒川，在匯流小貝川後，形成了手賀沼、印旛沼與霞浦的大片濕地。關東平原在如此多河川與濕地的保護下，在某處還架了一座「橋樑」——一座自然形成的橋樑。

圖④ 江戶時代以前的關東（濕地）

製圖：公益財團法人River Front 研究所的竹村・後藤

從圖⑤可看到在關宿一帶的北關東與房總半島，有一處微乎其微的狹窄之地彼此相連。東北的伊達軍團便能藉由這條相連處，自關宿直接壓境房總半島，並南下至江戶。

◇──東日本的玄關──上總

中世紀以後，位於當今千葉縣的房總半島向來是東日本重要的戰略之地。

當船隻自關西行經太平洋前往東北時，都會先在房總半島的尖端遇上一個難關。黑潮從南向北流經日本列島沿岸，在銚子外海與向南的親潮交匯。黑潮撞上親潮後，便沿著房總半島流向太平洋；若隨著黑潮，便會被沖到太平洋的另一端。高知的漁師約翰・萬次郎（本名為中濱萬次郎）之所以會漂流至太平洋，正是因為被黑潮沖走的緣故。從圖⑥可見今天太平洋上的黑潮流向。

欲跨越銚子外海激烈流竄、幅度超過一百公里的黑潮，極其危險，因此人們往往只能在途中下船，改由陸路前往東北。其登陸地點就位於房總半島，特別是館山、富浦、上總湊、君津、木更津、袖浦等地可供船停靠的岩岸良港。

房總的南部之所以稱為「上總」，也是因為距離京都較近之故；意即從京都來看，房總南部的上總便是東日本的玄關。只要壓制得了上總，便能掌握江戶灣的制海權；若能掌握江戶

圖⑤ 江戶時代關東平原的河川再現圖

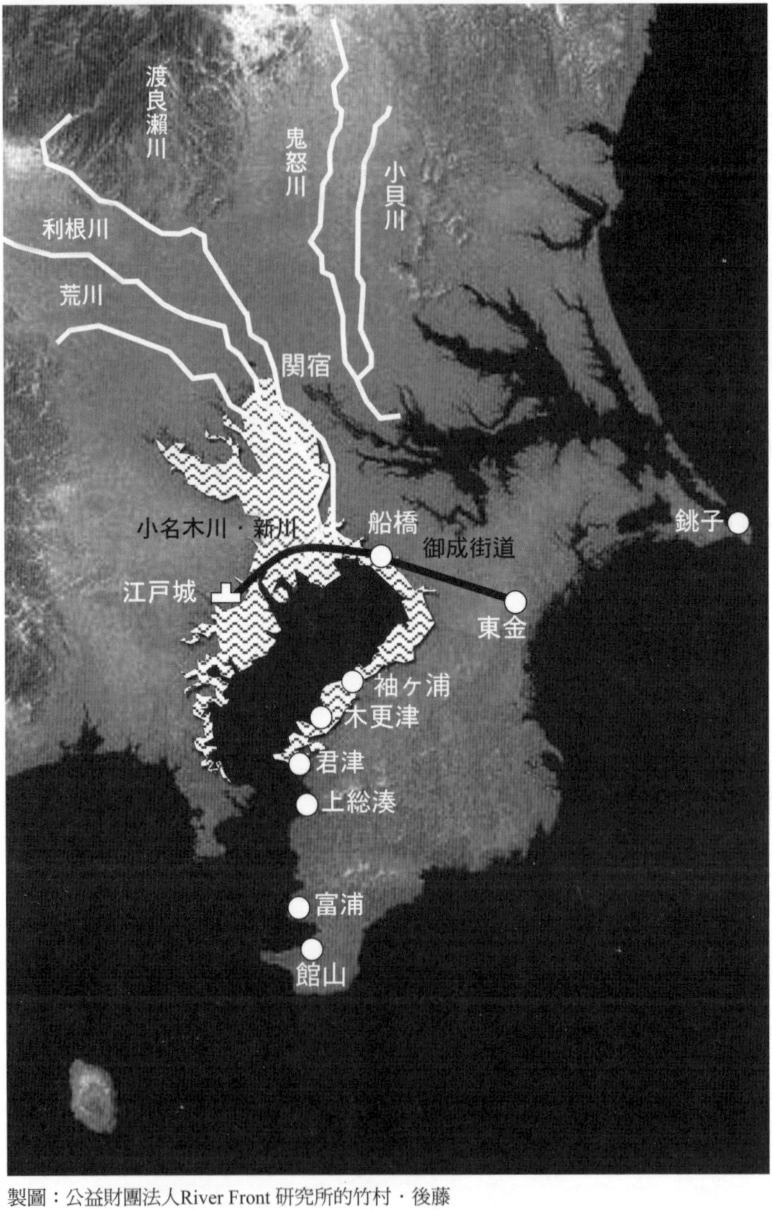

製圖：公益財團法人River Front 研究所的竹村・後藤

灣的制海權，就代表掌握了前往關西的海上航線。
若敵方自關宿南下，佔據上總並制服江戶灣，整個江戶便會陷入危機。
家康發現了關東的弱點——關宿。

家康的戰術

家康針對關東這項弱點，展開了徹底的防衛作戰。
首先在一五九〇年代，他建設了自江戶城通向船橋的運河——小名木川與新川。即使天候惡劣，藉由小名木川與新川運河，也可以不受江戶灣浪潮的影響，安全搭船抵達船橋。這兩條運河都是快速的軍用運河；至於該運河詳細建設的經過，請參考《藏在地形裡的日本史》第九章。
此外，家康在大阪之陣（譯註：德川江戶幕府與豐臣家的戰役，也是德川統一天下的最後一步）結束後，立即建設了自船橋到東金的筆直「御成街道」；所有的資料都記載「御成街道」是為了放鷹狩獵而建。
然而，這條近四十公里長的直線道路，絕非只是為了狩獵而建；狩獵不需要筆直的道路之類的建設；這是一條為了盡快橫跨房總半島，阻止敵軍南下的軍用道路。

圖⑥ 黑潮的流向
海上保安廳的海流預測（2007年11月20日）

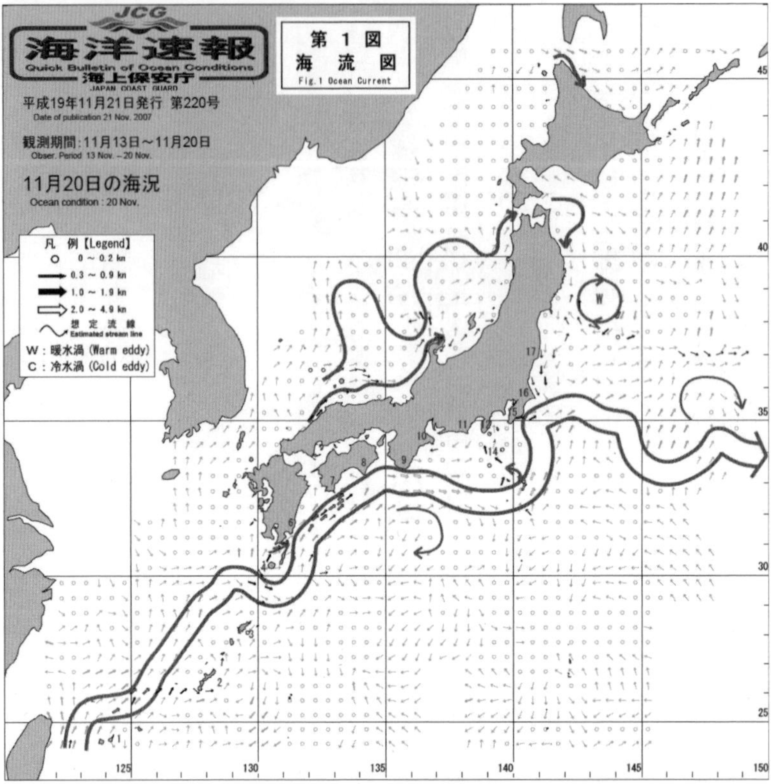

另一方面，一五九四年也在關宿展開一項重要的工程建設——讓利根川止於支流會川，並在關宿所在的下總台地新開一條河道，引導利根川與渡良瀨川向東流。

龐大的護城河起造於連結北關東與房總半島的陸地關宿，並引入利根川與渡良瀨川的河水，形成對北方的防衛陣線。

一旦戰事發生，利根川便能暫時阻止敵軍前進；同時，軍隊可透過小名木川、新川等運河與御成街道，盡速前往前線。

這就是家康防衛關東的戰術。

利根川東遷的另一個假說

一六二一年，下總台地開鑿了一條讓利根川的河水流向銚子的新河道。此時，自家康啟動此一工程已超過三十年，正值三代將軍家光的時代。

之後，江戶幕府從未讓拓寬利根川河道的建設停擺。

當時，東北伊達的威脅已消失，但江戶幕府卻仍像著了魔似地不斷擴張，並向下開鑿河道。到了一八〇九年第十一代將軍家齊執政時，利根川的河道寬度已達七十三公尺寬。

此時，利根川東遷的目的已不再是為了防禦伊達，而是藉由將利根川的河水導向銚子，來確保關東平原免於洪水威脅，並讓曾為濕地的關東平原成為適合居住的旱地。

自家康開始的利根川東遷工程，催生了日本第一的關東平原。

明治維新之際，日本各地的人紛紛集結到這座寬廣的關東平原；此地因而成為匯集所有日本人的力量與智慧，及促進近代化的舞台。

利根川東遷孕育出關東平原，並決定性地影響了日本文明的進程。

以前，我曾主張家康的利根川東遷工程是「為了讓濕地關東成為生產農作物的穀倉」。然而，這只是眾多假說中其中之一。

為何家康要展開利根川東遷的建設？真的如本書所言，是為了防禦伊達政宗嗎？事到如今，我們已無法窺探家康的內心，家康也不曾直接記錄自己的想法。正因為如此，我們這些後世之人才得以產生各種推測，其過程也充滿了樂趣。

家康親自走遍各地，徹底觀察地形，可說是日本史上最強的田野調查專家。在始終穿梭於土木工程現場的我看來，家康這一點著實令人相當尊敬。

第5章

江戶為何能成為世界最大的都市？①

——由「地方」撐起的都市發展

二十一世紀的今天，東京在日本的都市規模中始終遙遙領先，傲視群雄。以東京車站為中心的中央區內，無論站在哪個路口，放眼望去，四周盡是通天的摩天大樓，充滿了生氣勃勃的氣息。

一九五八年東京鐵塔完工，六年後舉辦東京奧運；二〇一二年更高聳的東京晴空塔完工，二〇二〇年東京奧運將再次舉行。東京的生氣蓬勃與傲視其他都市的龐大規模，可謂達到異常的程度。

東京居民對於東京的發展與生機，卻一點也不覺得有何奇妙之處；因為他們認為東京的發展與生機，就是自己奮鬥活躍及發揮的成果。

然而，事實並非如此。

東京發展的基礎集結了日本全國人民的智慧、資金與勞力，而共同打造而成；東京蓬勃的生氣也是來自各地的人所支撐起來的。這不是抽象的文字遊戲，而是極為具體的事實。

東京與全日本各地的緊密連結，並非開始於現在這個時代，而是行之已久。東京與地方（譯註：日文中的地方意指相對於都市、首都的其他鄉里地區）的關係，開始於四百年前江戶形成之時。因此，只要凝視江戶的發展過程，便能了解東京的本質。

仰賴地方資金與勞力而誕生的江戶

一六〇三年，德川家康在受封為征夷大將軍後自京都回到江戶。從此江戶成為日本的首都。

江戶要成為名副其實的日本首都，還有堆積如山的工程得盡速執行。德川幕府一刻也不得閒地展開江戶的都市建設。其中之一是建設堤防，為的是不讓江戶再受到隅田川的洪水氾濫所害。

德川幕府下令全國八十多州的大名建設淺草至三輪間，高三公尺、寬八公尺的巨大堤防，最後只花了六十多天左右就完工。由於這是日本各地大名共同參與建設的堤防，因此被稱為「日本堤」。

各地大名為了向德川幕府表示忠誠，負擔了這項工程所有的資金與勞力。此類幕府下令執行的工程又稱為「協力外發工程」。

日本堤並非德川幕府命令其他藩國執行的第一項協力外發工程。德川家康的江戶都市建設始於日比谷的填海造陸工程；這項日比谷造陸的工程，也是三十多藩大名合力進行的協力外發工程。

當時，江戶灣的海水不斷往內浸，甚至侵襲皇居內的汐見坂。雖然江海城建於面海高地上，海運相當便利，但若敵人自海上突擊便防不勝防了。家康因此決定在日比谷一帶的入海口填海成陸。

將駿河台高地削為平地後，再將其土壤從神田搬到江戶灣埋海造陸，現在日比谷到新橋、銀座、京橋、日本橋、八丁堀一帶的街景於焉形成。如今放眼一片平坦的皇居前廣場，都是人工填海造陸的成果。

此外，東海道、甲州街道、中山道、日光街道等以江戶為中心，呈放射狀向外延伸的完善幹道，也都藉由協力外發工程來完成。除了江戶街上的溝渠與運河工程，將上水道導入江戶城內的工程也靠協力外發工程來完成。

就連江戶城也都是協力外發所建造。後來江戶城的本丸（譯註：日本城池的核心部分）雖因地震、水災而損壞，現在依然聳立於皇居前廣場的大手門，便是外發由伊達政宗建造而成的。

江戶的都市基礎建設，都是倚靠地方大名的財力逐一整頓完成。更別說大名的財力都是來自領地人民的年奉納貢。

也就是說，江戶的都市基礎建設，是由全國各地日本人的納貢而建設完成。

何謂參勤交代？

江戶的基礎建設，也就是底層結構，並非只靠地方人士的資金與勞力完成。地方的人也依存著綻放於底層結構上的江戶上層結構，如商業、文化、藝術產業的繁榮。這絕非抽象的概念，而是確實存在著一個由地方支撐江戶繁榮的具體體制。

那就是「參勤交代」。

關原之戰後兩年，一六〇二年，家康最強的對手前田家讓自己的家人遷到江戶，前田利長本人也開始定期造訪江戶。其他外樣大名（譯註：與家康關係較疏遠的大名）也因為顧忌力量強大的家康，紛紛讓自己的家人住在江戶，而自己也定期前往江戶。

這套從家康執政時代開始的體系，到了三代將軍家光時正式加入「武家諸法令」中，自此參勤交代成為包含親藩（譯註：江戶時代藩領的分類之一，意指以家康男性子孫為始祖的藩）在內，所有大名的義務。

大名讓妻小住在江戶，每兩年親自從自己的領地往返江戶一次。由於妻小住在江戶，所以到了江戶中期，幾乎所有大名都在江戶出生。這麼一來，與其說是大名讓妻小住在江戶作為人質，不如說是大名隻身外派至地方領地任職，還比較恰當。

現在的日本上班族也經常將離不開東京的妻小留著當作人質，隻身外派到地方工作。各鄉

圖①「東海道五十三次」《日本橋・朝之景》（歌川廣重）

出處：日本國會圖書館數位化資料

鎮選出的國會議員中，也有不少人讓家人以東京人的身分生活在這座大都市裡。

世界各地的人對於日本人隻身外派總是感到不可思議，但這並非在近代化過程中開始的機制，而是早在四百年前就已存在於日本揮之不去的生活習慣之一。

現代隻身外派只要一個人前往即可，但江戶時代的參勤交代動輒需要百人以上，甚至多達數百人一同前往。加賀前田藩的參勤交代更動員了四千人大規模移駐。當這些位高權重的大名移動前往江戶，自然少不了龐大的花費。

隊伍行經的沿路幹道，都因為參勤交代而繁榮。中途住宿停留之餘，也會購買各式各樣的物資，成為商業、工業、農業發展的動力。

不過，因參勤交代而獲利最多的還是江戶。圖①為廣重「東海道五十三次」第一幅畫《日本橋・朝之景》。

參勤交代造就了江戶的繁榮

大名在江戶的生活處處需要花費。各大名在江戶建造了供家人居住的上屋敷、備用的中屋敷，以及位郊外、作為別墅兼倉庫之用的外屋敷等，並招聘眾多常駐江戶的家臣，這些全都是大名支出的一部分。

人在江戶的大名只是單純的消費者。這裡沒有大名可以生產作物的土地，也沒有能為他們工作的領民，他們只能單純消費而已。為了擠出這些經費，各大名都將自己藩地生產的農作物、海產、衣物、工藝品等盡可能地銷往江戶、大坂（譯註：大阪舊名）、京都等地，來換取貨幣。

於是，江戶集結了來自全國各地的物資、金銀財寶，使得江戶的消費經濟繁榮不已。鬧區、遊廓（譯註：政府認可的風化區、花街）也伴隨消費而生，並孕育出藝能與戲劇表演，而眾多浮世繪、美術品等也紛紛問世。傲視世界、數一數二精緻的江戶文化，就此開花結果。

文化即消費。

這些消費的文化需要顧客，也就是資助者；文化若缺少資助者便無法確立。不斷消費的大名與商人支撐著這樣的江戶文化；地方上的居民則支撐著這些在江戶消費的大名。

是的，江戶文化真正的資助者是日本各地的居民。

土生土長的江戶人自恃孕育出江戶文化，因而瞧不起地方上的居民，認為他們都是沒有眼界的鄉下人。但其實這些地方上的居民才是真正的江戶資助者。

江戶的底層結構，也就是基礎建設，是藉由「協力外發工程」、依靠地方居民的建設而成；江戶的上層結購，也就是消費與文化，則是仰賴「參勤交代」，由地方居民撐起的繁榮。

江戶所有的層面都仰賴地方上的支援而成立。

現代東京的參勤交代

江戶在進入明治時代後成為東京；然而，仰賴地方支撐運作的結構卻絲毫沒有改變。

東京圈始終是明治政府基礎建設投資中，最優先的目標。

以東京為中心，呈放射狀向外延伸的鐵路——國鐵（譯註：JR的前身）的東海道線、橫須賀線、中央線、東北線、常磐線等取代過往的幹道並一一完工，東京都內，也有環狀的山手線連絡各地。這些全依靠日本各地居民的稅金來完成。

鐵路以外的幹道、街道、河川改道、港灣、下水道、地下鐵、機場等，也都以東京的基礎建設為最優先。當然，東京都民也負擔了其中一小部分，但絕大多數的資金仍仰賴來自日本各地的稅收。

就這樣，東京近代化的基礎建設便藉由將全國各地繳納的稅金投入東京建設的現代版「協力外發工程」而優先完成了。

另一方面，東京的消費狀況又如何呢？

江戶時代，東京的消費生活是由地方大名所撐起，他們的消費力是江戶經濟與文化繁榮的源頭。

現在依然有眾多地方居民在東京消費，撐起東京的經濟與文化。將這樣的消費表現地稍微極端的是東京的「學生」。

學生是單純的消費生活者，僅仰賴老家寄來的金援過著消費生活。即使打工，所得的收入多半不會拿來儲蓄，而是用在消費上。東京的學生就是單純消費的族群。

根據文部科學省（譯註：約同教育部）的全國學校總覽表可知，全日本的專校、大學共七千所之多，約有一成在東京；全日本約四百萬名學生，其中四分之一約一百萬人都在東京都內。

根據明治大學的調查資料顯示，明治大學的學生有四成住宿舍或租屋生活。若以這份明治大學的數據來推論，都內一百萬名學生中，自外地來到東京生活的約有四十萬名學生。

平均每個學生每個月會收到家裡多少金援？我手邊沒有資料，所以無從得知，在此先假設每個人有十萬日幣的金援吧。

這樣算來，每個月都會有四百億日幣的現金從地方來到東京；這四百億現金在每個月都藉由學生集中到東京後，再單純地被消費掉。

學生的家長——地方的上班族、商店、農家、漁民與地方公務員等，便是提供這些金援的人。

即使現在的學生畢業了，每年都還是會有新的學生從地方來到東京遞補。這些學生也形成了東京永無止盡的資金匯集系統之一，所謂東京的消費體系。

學生在東京過上消費生活，每個月家長從地方金援現金到東京，這就是現代版的參勤交代。

◇東京居民所不知道的事實

自家康來到江戶後的四百年間，在地方居民出錢出力下，東京的基礎建設不眠不休地整頓至今。東京可以這麼安全舒適，一點也不令人意外。

現在的東京依然默默地接受日本各地的現金金援，消費者也不斷從地方往東京集中。東京的繁榮一點也不令人意外。

地方上的居民忍耐著堤防、道路等建設不斷延遲，忍耐著高速公路、新幹線的建設持續延宕，一邊忍耐一邊撐起東京的繁榮，將東京的繁榮視為自己的成就一樣跟著開心不已。

東京是日本首都，也是自己子孫活躍的場所。地方居民並非心有不甘、不情願地支援東京，而是滿懷欣喜，主動地出錢出力，一路支援東京。今後這種情況也會持續下去。

然而，東京居民對於東京這座安全舒適的都市是靠著地方居民的心血才打造出來的事實，卻毫不知情。

為何東京人對此毫不知情？理由相當簡單——因為沒有媒體會傳遞這類訊息。

圖②是我依照十多年前《媒體電話簿》（宣傳會議）中刊登的意見領袖居住地所繪製的柱狀圖。

這張圖表無需加以說明。日本的意見領袖都住在東京。常有人批判日本的行政權限過度集

圖② 各地區意見領袖人數

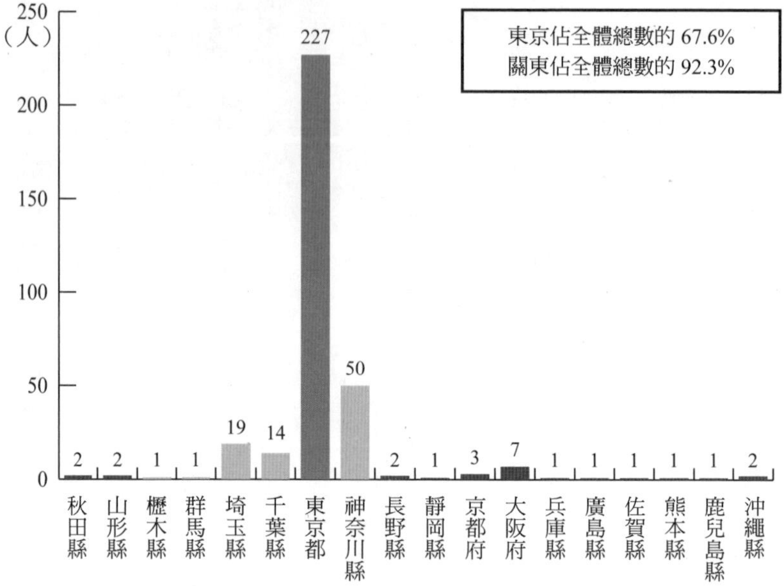

出處：筆者根據（株）宣傳會議發行的《宣傳會議別冊媒體電話簿1997》「記者、評論記者、非虛構作家」及「政治、經濟、經營、社會、軍事、外交評論家」領域之內容製成

中於東京，以媒體為中心的情報資訊也是如此。這在全世界也是少有的極端案例。

意見領袖出現在電視上，在報紙、周刊上闡述自己的意見，但他們全都住在安全舒適的東京。

他們渾然不知，四百年來東京仰賴地方的支撐才建立起安全與舒適；也完全沒察覺到，東京消費的糧食與能源都來自於地方。至於東京所產生的垃圾，則全都運到地方來處理，關於這點他們當然也毫不知情。

然後他們卻批判不斷延遲、好不容易才開始動工的地方基礎建設：怎麼現在還在進行這種建設呢？

現在的媒體該做的，就是報導地方的

現況，讓所有的人了解到，地方的問題就是東京的問題，地方的衰退會連帶導致東京衰退；日本若要生存並發展下去，地方的自立與發展是不可或缺的關鍵。

全日本各地該如何走向自立並展現生機？對此，東京該做的，就是思考該如何支援地方才好？

東京居民有責任拿出智慧擔負起地方的發展。若他們能夠了解到，東京的生活是仰賴地方的支援才得以成立，那麼這份責任也就成了理所當然的職責。

第6章 江戶為何能成為世界最大的都市？③

——一座吞食能量的大都市

一六〇三年，家康當上征夷大將軍後迅速返回江戶，建立幕府政權。此時家康雖受封征夷大將軍，但其實尚未完成統一大業。既然如此，為何他還要越過箱根，急忙回到雜草叢生的廣袤鄉村「江戶」呢？

關於這個問題，我已在《藏在地形裡的日本史》第一章討論過，當時是「為了建立關東的國土」，而在本書第四章也闡述：「是為了加強對東北的防衛。」其實家康急著回江戶的理由，還能從能源的觀點來說明。

都市往往會吞食大量能源。能源枯竭始終是世界文明衰退與滅亡的一大主因。日本當然也不例外。當社會面臨巨大變動與危機時，其背後總是潛藏著能源的問題。

要從哪裡取得能源？如何持續確保能源充足？要維持權力的長期穩定，這是最重要的課題。

家康明白這一點，因此他返回了江戶。他為了讓江戶幕府建立起長期政權，一步步規劃出完善的基礎建設，以確立在整個日本列島的能源霸權。

廣重的代表作

圖①是廣重的代表作《大橋安宅驟雨》。

其中的「大橋」是現在的「新大橋」，其對岸是保管將軍專用船「安宅丸」的御船倉，因此這一帶也稱為安宅。

多年來，我一直不明白這幅畫為何是廣重的代表作，廣重明明有許多更加鮮艷、華麗而生動的畫作。這幅《大橋安宅驟雨》既陰暗又樸素低調，為何會成為廣重的代表作呢？這點讓我百思不解。

某天，就在我承認自己缺乏美感，因此決定放棄思考之時，我剛好為了打發時間，翻閱了梵谷的畫集。

這本畫集收錄了兩幅梵谷臨摹廣重作品的畫作，一幅是《龜戶梅屋舖》，另一幅則是這幅《大橋安宅驟雨》。之前我看過梵谷臨摹的《龜戶梅屋舖》。不過，《大橋安宅驟雨》的臨摹倒是第一次目睹。

一八八七年，梵谷以「日本風情，雨中橋」為題，臨摹了廣重的《大橋安宅驟雨》。

圖②是梵谷的臨摹畫。

這幅梵谷的《日本風情，雨中橋》讓人覺得有點不痛快。若要說哪裡不好，相信就是那突

圖① 「名所江戸百景」《大橋安宅驟雨》（歌川廣重）

出處：日本國會圖書館數位化資料

圖②《日本風情，雨中橋》（梵谷）

圖片提供：Aflo

如其來的驟雨了。廣重描繪的驟雨就像自天空中射下的箭矢一樣，強烈襲擊橋上行人的身體。但梵谷的臨摹畫卻看不到廣重般尖銳的驟雨線條。

仔細想想，這也是理所當然。油畫的畫筆與繪材自然表現不出驟雨的尖銳感。別說是油畫了，就算是日本畫的筆、墨和顏料，一樣無法展現出那銳利的雨滴。只有以刀刻在木版上的浮世繪，才能展現出銳利的雨水。

終於，我了解到廣重《大橋安宅驟雨》的厲害了。這激烈的驟雨，正是浮世繪的獨特之處。

梵谷告訴我，為何《大橋安宅驟雨》是廣重的代表作。

江戶的油船

在廣重這幅畫中，我們的目光總是被那激烈的驟雨所吸引，而忽略了遠方行駛於河面上的油船。

當然，行駛於大川上的不是我們現在所熟悉的油輪，而是木筏。

在江戶市內，大川又稱為隅田川，上游區段是現在的荒川。在秩父山間砍伐的木材就是以木筏運送至江戶。那浮載於驟雨中的模糊木筏越看越像一艘油船。

實際上，這艘木筏確實是江戶的油船。

一六〇〇年，德川家康在關原之戰中獲勝。三年後，一六〇三年家康受封為征夷大將軍，接著索性離開關西，回到江戶。

家康為何要離開權力中樞的關西，返回當時被視為鄉下的江戶呢？當時，豐臣家依然坐鎮大阪城，背後還有毛利、島津等大名撐腰，家康並不算是完全制伏天下。

家康若想完全掌握天下，應該要將據點設在關西。就算真的退一步，也應該選擇能夠就近牽制關西的名古屋或岐阜等東海地方才對。然而，家康卻一路向東，甚至跨越箱根來到江戶。若從向來作為日本文明中心的關西來看，家康真是把自己關到一個無可救藥的窮鄉僻壤去了。

對家康而言，江戶究竟代表什麼？江戶究竟有什麼？

家康看到了關西的界限。反之，關東的土地藏有無限發展的可能性。所謂關西的界限與關東的可能性，關鍵都在「能源」。

文明需要能源。沒有能源就沒有文明的發展。失去了能源，文明便會衰退甚至滅亡。走向近代化之前，日本文明的能源始終是森林。

但關西的森林已枯竭，也就是森林的能源走到了盡頭。

關西的毀壞與尚未開發的關東

有證據顯示，當時關西的森林已經耗盡，支撐文明的森林能源走到了盡頭。圖③為英國的歷史學者康萊德・托曼（Conrad Totman）繪製的「為建造紀念裝置物而砍伐之木材採伐圖的變遷」。

宮廷、寺院、城池等重要建築物的主建材都是巨大的樹木。在保存於寺院、大名家屋中的古書中，都能找到砍伐這些巨木的時期與場所等線索。這幅托曼的採伐圖便是在精細的調查後繪製出的珍貴圖表。（《日本人是如何創造森林的？》）

從此圖可知，在八〇〇年平安遷都時期的巨木採伐圈，大約是從奈良盆地延伸至淀川流域。之後從戰國時代到安土桃山時代，巨木採伐圈已從近畿地方一口氣擴大至中部、中國與四國一帶。

巨木砍下後，人們也會不斷進入山林中，砍伐作為建材與燃料之用的樹木。人們總是不節制地砍伐，直到最後一棵樹倒下為止，然後森林也跟著消失了。

平安遷都後八百年，一六〇〇年，關西的木材需求已遠遠超過關西地區的森林再生能力。特別在戰國時代，大名紛紛建造雄偉的城池、戰鬥用的要塞，然後又在戰爭中將其燒毀。因此，戰國時代主要戰場的關西地區直接面對了森林枯竭的課題。

圖③ 為建造紀念裝置物而砍伐的木材採伐圖之變遷

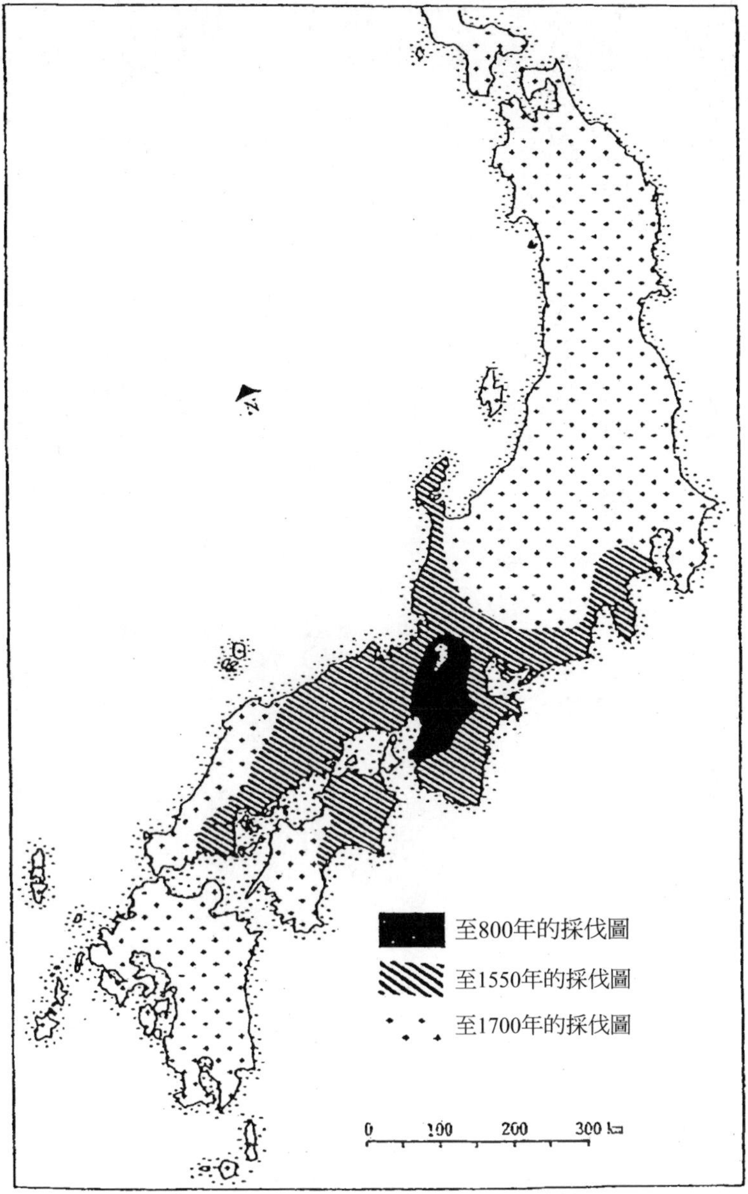

出處：康萊德·托曼，《日本人是如何創造森林的？》（築地書館）

秀吉取得天下後，便向全日本的大名要求上貢木材，這也加速了關西森林的消失。森林消失及隨之而來的山地荒廢，就這樣從關西一路擴大至中部、中國與四國。

在戰國時代，家康一面爭戰一面看盡西日本森林的荒廢。

一五九〇年，豐臣秀吉逼迫北条氏開放小田原城；同年，秀吉命令人在駿府的家康，移封到比箱根更東邊的江戶。被迫移封至濕地環繞的寂寥江戶，其下屬武將都氣憤不已。

然而，家康並沒有動怒。他眼中所見的是流經江戶的利根川、渡良瀨川、荒川，以及仍未受到人為砍伐的森林。那片翠綠蓊鬱的森林代表的是源源不絕的能源。要制伏天下，坐擁森林能源豐沛的關東便是最適合的據點了。

因此，家康在關原之戰獲勝並受封征夷大將軍之後，立即離開了關西，回到有豐沛森林的關東。

家康決定在森林能源豐沛的關東開創嶄新的幕府時代。

江戶幕府的全國能源戰略

德川幕藩體制維持了兩百六十年。這個時代格外值得一提的是人口驟增。一六〇〇年，日本總人數僅一千兩百萬人，但在江戶時代成長到將近三倍，人口總數增加至三千萬人以上。

圖④　德川幕府直轄的主要流域

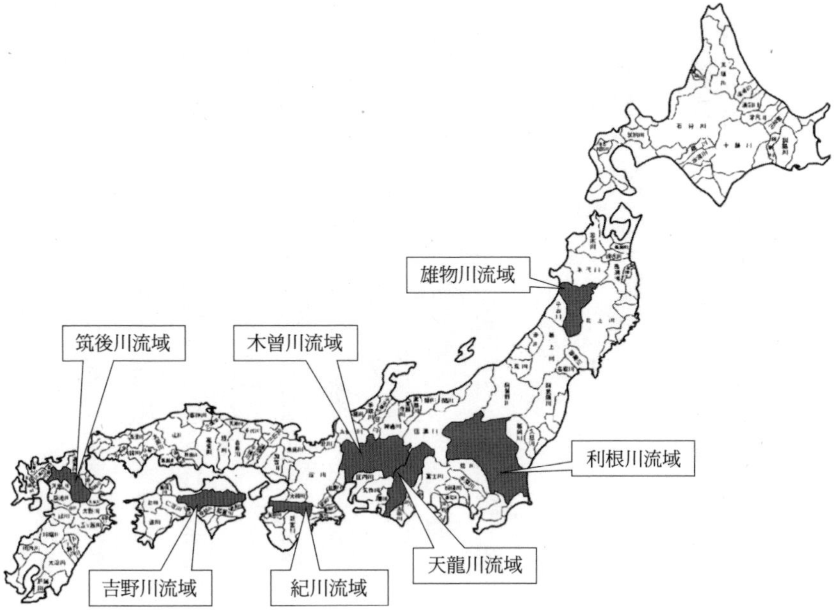

其中，江戶居民更多達一百萬人。從建材、造船、家俱、生活用具、燃料等方面來計算，假設每人年均消費二十棵樹木，每年光是江戶就有兩千萬棵樹的供給需求。

即使利根川坐擁日本最大面積的流域，江戶除了利根川之外還有荒川、渡良瀨川，但若為了這般龐大的供給量而不斷將木材運至江戶，相信關東的森林一定也會消失，山地也會跟著荒廢。關東的森林若枯竭了，江戶幕府的力量也會跟著衰退。

德川家康在親眼目睹關西森林枯竭與衰退後，便確立起全日本列島的能源霸權戰略。

德川幕府親自掌管關東的利根川與荒川；中部的木曾川交由尾張德川家掌控、近畿的紀川由紀州德川家掌管，而北關東的那珂川則由水戶德川家掌管。

此外，德川幕府更將全日本的主要山林地帶都納為「天領」（譯註：即江戶幕府直轄管理之意）。也就是說，德川幕府直接管理筑後川、吉野川、天龍川、雄物川等河川上游的山林區域。

圖④是德川幕府天領的主要流域。

這些天領的山林地帶擁有礦產資源與豐沛的森林能源。天領地帶的樹木不得任意砍伐，必須依照管理並有計畫地進行開採。

就這樣，德川幕府確立起掌控全日本列島的能源霸權。

圖⑤ 近世晚期的水上交通圖（主要路線）

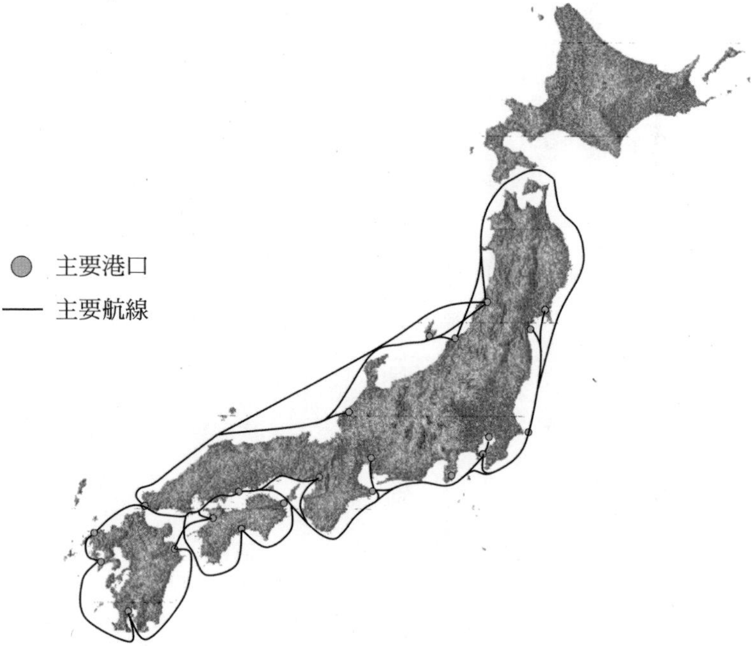

出處：《日本海海運史研究》，近世晚期的水上交通圖；福井縣立圖書館．福井縣鄉土誌懇談會共同編制；製圖：公益財團法人River Front 研究所的後藤

江戶的匯集制度

另一方面，德川幕府也樹立了能將日本各地資源、能源匯集至江戶的基礎建設——連結日本列島的「船運」。

日本海側出現了東北到下關、瀨戶內海及大坂的北前船航線；太平洋側則發展自仙台航向銚子、利根川與江戶的航線。

日本各地的物產更不用說了；自日本各流域開採而來的木材，也都紛紛匯集至江戶。將全日本列島資源與能源集中於江戶的體制於焉形成。圖⑤說明江戶時代主要的水運網路。

於是，江戶在歷經十八、十九世紀之後，發展為全世界規模最大的百萬人口都市。

就像二十一世紀的今天，石油能源從中近東（The Near and Middle East）輸入日本一樣；在江戶時代，日本列島各地的森林能源也是如此輸送至江戶。注入這股龐大的森林能源之後，江戶便得以持續繁榮了，這就是其繁榮的祕密。

江戶是座不斷吞食大量能源的貪婪大都會。其吞食能源的姿態，都被廣重畫入那場因驟雨而模糊的大川之中。

第7章

江戶為何能成為世界最大的都市？③

——廣重「東海道五十三次」之謎

江戶正式成為德川幕府的據點。然而，唯有能源充足，才能支撐此一據點的運作。於是，德川幕府運用巧妙的方式，確保能源的源源不絕，繼而成功矗立起日本列島的能源霸權。

那是幕府直轄的「天領」體系。德川幕府將日本列島主要流域的上游區域劃為天領，因而取得森林的所有權，然後建立起完整的水路網，以將砍伐的木材運送至江戶。於是，全日本各流域的森林能源才得以源源不絕地輸入江戶。

顯然江戶在取得日本各地的能源後開始發展不輟；從十八至十九世紀，江戶的人口成長至一百萬人以上，成為全世界規模最大的都市。

但江戶這個都市變得太龐大了。它吞食了全日本的森林，導致日本列島的山脈相繼變為枯竭荒涼的禿山。

從能源的角度來看，日本文明邁入十九世紀後，開始面臨搖搖欲墜的重度危機。

正好就在這個時期，另一個文明解救了陷入絕望窘境的日本。

那就是橫跨太平洋、悠然來訪的黑船文明。

圖① 「名所江戸百景」
《川口之渡善光寺》（歌川廣重）

出處：日本國會圖書館數位化資料

廣重的記錄

我們在前一章裡提到，江戶繁榮的祕密藏在廣重的代表作《大橋安宅驟雨》當中，畫面可見木筏正航行於驟雨中。

此外，廣重在其他畫作也描繪了木材輸入江戶的景象。圖①便是木筏自荒川上游順流而下，一路前往江戶的景致。

大量從秩父山上砍下的木材，就這樣乘著木筏，沿著荒川搬運到江戶。

不僅在秩父，從日本各山脈取得的木材都是如此往江戶集中。

人們若要生存下去，就必須仰賴能源。江戶時代的日本人仰賴的就是山上的樹木。

廣重在自己的畫作中，描繪來自各地的能源藉由隅田川匯入大都市江戶的景象。然而，單單依賴樹木的日本，很快就面臨了森林枯竭的危機。

廣重也以畫筆記錄了江戶時代的能源危機。

東海道五十三次・二川

當今東海道新幹線的名稱雖然有個「海」字，但其實沿路上只有濱名湖一帶能清楚看到海

圖②「東海道五十三次」《二川・猿馬場》（歌川廣重）

出處：日本國會圖書館數位化資料

景。濱名湖寬敞清幽的景致，也是東海道新幹線沿線的珍貴美景。

自東京開往名古屋的新幹線，大約在經過濱名湖後進入愛知縣的三河地區，然後行駛於渥美半島連接本州的高地上。新幹線通過綠意盎然的二川一帶後，便會穿過豐橋市區，加速駛向名古屋。

廣重筆下描繪的是三河二川一帶特別的奇景。

廣重的「東海道五十三次」有許多有趣的景色，第三十三幅的二川宿令人格外印象深刻。圖②便是「東海道五十三次」中的《二川・猿馬場》。

畫中，三位瞽女正走向販售當地名產「柏餅」的茶屋門前。瞽女意指巡訪日本各地、彈奏三味線進行表演的盲人女性。

圖③「東海道五十三次」《日坂・佐夜中山》（歌川廣重）

出處：日本國會圖書館數位化資料

三位瞽女一面談笑一面開心行走。社會底層的弱勢者也能如此無後顧之憂地旅行，日本是如此一個治安良好的國度啊。

廣重畫中的人物個個細膩富幽默感，這三位瞽女也各自被描繪成不同的性格，這點著實令人欽佩。不過我總覺得，這幅畫哪裡怪怪的。

多年來，我始終搞不清楚理由何在；直到有一天，我才終於明白那股奇妙的感覺從何而來。原來畫中背景的二川景致顯得有所異常之故。

在這幅畫的背景中，僅有零星生長的幾株低矮松樹。那荒涼的景致與今天三河一帶豐沛的綠意有著天壤之別的差異。

荒涼的東海道山巒

於是，我再次細看廣重的「東海道五十三次」。這一次，我著重於每幅畫的背景，於是發現那荒涼的景致並非只出現在二川。

神奈川、保土谷、平塚、大磯、小田原、箱根、岡部、島田、舞坂、日坂、白須賀等地的山巒、山丘都同樣僅有零星的松樹點綴其中。

像是第二十五幅，日坂宿的中山山頂等畫作中，背景是一片枯竭殆盡的禿山。二川是設有本陣（譯註：江戶時代，大名等要人留宿之所）的宿場町，寬敞無樹的草原應為大名的騎馬場。然而，就連中山山頂等山頭也僅剩一片枯萎，呈現荒廢的狀態。

圖③是「東海道五十三次」中第二十五幅畫作——日坂的中山山頂。

二十一世紀的今天，搭乘東海道新幹線時放眼望去，沿路盡是一片蓊鬱蒼翠的山巒，除了高爾夫球場外，著實看不到任何無樹的草原；富士山以外，也不見散落的岩山。

若想誇大箱根險峻的山勢，而將箱根的山地畫成岩山，這點我還可以理解。但將東海道沿線的山地與丘陵全都繪成枯竭的岩山，就不只是誇大，而是異常了。

與其說這是繪畫表現的誇張手法，倒不如承認廣重所描繪的，就是當時東海道沿途的實際景致——沒有蓊鬱的山林，只有貧瘠枯竭的景致，這樣的推斷才更合理。

江戶的燃料

十七世紀初，在德川家康平定了持續百年的戰國時代後兩百六十年，日本迎向了無戰事的和平時代。

三代將軍家光命令大名實施鎖國政策，讓日本人致力於國內的國土開發，而不是向外發展。各地紛紛展開河川改道與整修的工程，以往只要一下雨就淹水的濕地，因此成功重生變為農地，潟湖也在填海造陸後成為新的農田。

取得新的耕地後，農產品的收獲量也跟著增加；日本原本僅有一千兩百萬人口，到了江戶中期已成長至三千萬人。

不僅日本人口急遽成長至三千萬人；在巨大的消費都市江戶，人口也爆炸性地膨脹。人們紛紛自日本各地湧向江戶，到了江戶中期時，當地人口已逾五十萬人；在一八〇〇年代，江戶人口已逾百萬人，成為全世界最大的都市。

在江戶時代，日本列島上的日本人總是不斷在各地移動。有三百諸侯之稱的大名每隔一年就要履行參勤交代，往返於江戶與自己的領地之間。數百人規模的大名隊伍與許多民眾就這樣毫不間斷地在街道上來回移動。

宿場（譯註：旅人、或參勤交代時的人員留宿的住宿地大都是一個大區塊）上有眾多旅人

圖④ 天龍川流域的木材採伐量推移圖

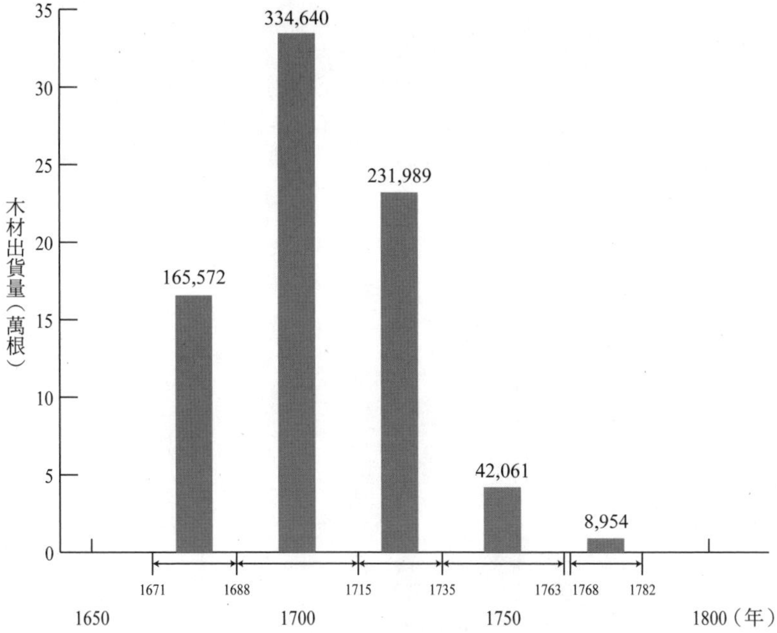

資料出處：康萊德．托曼《日本人是如何創造森林的？》（築地書館）
製圖：公益財團法人River Front 研究所的竹村．松野

在大浴場裡泡澡、取暖與用餐，因而成為大量消耗燃料的區域。旅人可在旅途中自力取得食材，填飽肚子，但作為燃料的木材則因重量過重而無法隨身攜帶。因此，即使不供餐食、旅人自炊的便宜旅館，旅宿主人仍會將木材販售給旅人；也因此這類的便宜旅館又稱為「借木宿」。

不論是全日本、人口膨脹的江戶或往返各地的旅人，都必然會消耗大量的糧食與燃料。靠著新開墾的農地，糧食部分還算可以應付。但作為燃料來源的森林卻不是那麼容易增產。再加上鎖國政策，導致燃料無法從海外進口，因此就只能一股腦兒地砍伐林地了。

文明若膨脹超過能源的供給能力，能源便會枯竭。因為日本文明的膨脹超過了森林再生的界限，而導致了森林的衰退。

森林衰退的發生其實並不晚；在江戶中期左右，森林已經開始逐漸枯竭了。

◇江戶的森林砍伐

天龍川流域的下伊那地區是日本豐沛的森林地帶。德川家康取得天下後，便命令統治此區的豐臣家勢力移封別處，然後將天龍川流域納入天領。

天龍川流域是提供江戶木材的首要基地。前述英國歷史學家托曼的《日本人是如何創造森林的？》中，也記載了天龍川流域供給木材的統計資料。

根據書中記載，從一六〇〇年代開始，天龍川流域便開始供應木材，一六八〇年的木材供應量為十六萬根，一七〇〇年到達巔峰的三十三萬根。之後在一七二〇年則減少為二十三萬根、一七五〇年驟減為四萬根，到了一七七〇年僅剩一萬根。到了江戶晚期，便沒有天龍川流域供給木材的記錄了。圖④是此一供給量的變遷圖。

森林被砍伐殆盡後的山地斜坡，只要遇上大雨，帶有養分的土壤便會流失，最後成為荒地。

就連受到嚴格管理的天領之地——天龍川流域都面臨了森林衰退與山地荒廢的命運，其他非天領的土地或街道周邊的林地，則更早就接二連三地砍伐殆盡了。

日本列島森林的全面枯竭

到了廣重「東海道五十三次」所描繪的幕末時期，日本列島的山林已被砍伐殆盡，呈現於作品中的景象簡直一片淒慘。

之後，當外國人自解除鎖國政策的神戶港進入日本，眼見光禿禿的六甲山時無不感到震驚。不只是神戶的山林，連九州、四國、中國、近畿、中部、關東、北陸和東北各地的森林也被砍光了，山坡地也隨著土石流沖刷而一一毀損。

進入明治時代之後，荷蘭的土木技師造訪日本並宣導治水方法。他們先阻止山地上的土石流失，然後藉由在日本各座山地建造土石堤防，展開防止山坡地崩壞的治山工程。

事實上，日本史上每逢巨大轉變時，都與森林消失的問題息息相關。

八世紀末，當奈良盆地的森林消失殆盡，桓武天皇便自平城京遷都至淀川流域的平安京。十七世紀初期，西日本一帶的森林消失後，德川家康便離開關西，來到坐擁廣大林地的利根川，也就是江戶，開設幕府。

日本文明每逢森林消失的危機，都會遷都尋求新天地。

在江戶晚期，整個日本列島的森林都荒廢殆盡，日本文明再也無法使出絕招——遷都以確保資源，便面臨了難以挽救的危機。

遇上化石能源

一八五三年，培里提督率領四艘黑色軍艦，出現在浦賀外海。

對日本來說，此次衝擊的事件訴說的是，日本開始自幕藩封建體制走向中央集權的民族國家。然而，黑船來航所導致日本文明的決定性轉捩點，其實遠大於社會政治體制的轉變。

黑船來航，讓日本文明邂逅了化石能源。

在此之前，日本的燃料是木材；陸地上的動力是牛與馬，海上的動力則是風與潮汐海流。

相較於當時的日製船頂多五十噸級，黑船卻為遠大於日本的兩千五百噸級，能輕鬆地從地球另一端跨洋而來。驅動如此龐大的黑船動力者，就是燃煤蒸汽機。

黑船所乘載的西歐文明，將化石能源的文明帶進了日本。在森林消失的日本文明眼中，黑船正是能源的救星。

日本訣別了不斷開發、因陽光而生成的「森林」，開啟了地球花費數億年所儲備的太陽能源的蓋子。

所幸，明治時代推行近代化之際，日本還能自國內取得足夠的煤礦。日本開採了北海道、九州等地的煤礦，用來發展日本的重化學工業，使之成為進軍世界的動力。

第一次世界大戰時，日本研發出內燃機戰艦、戰車與戰鬥機，燃料也從煤礦轉變為石油。常溫液態的石油不論作為移動工具的燃料或工業產品的原料，生產效率都因此大大提升。

雖然日本不產石油，但全世界的石油產地對於願意出高價購買石油的日本，都相當樂意交易。在二十世紀，日本因大量消費石油，而躍居為全世界最先進的工業國家。

到了二十一世紀，石油出現了奇妙的變化。

全世界的石油需求量增加，縮短了石油的壽命。當石油生產達到極限、供不應求時，價格便會飆漲。石油價格的飆升將威脅到日本文明的存亡。

往後爆發的能源危機，都將是全球規模的重大危機，沒有任何國家可免於這種威脅。同時，可以解救日本的黑船也不會再次出現。

如果二十一世紀的日本要持續自身的文明，打造低碳的物質循環社會是唯一的方法。日本必須率先走向這樣的社會。因為二十一世紀世界性的能源危機，勢必率先在無法自力生產資源的日本登場。

第8章

貧困的橫濱村落為何能成為近代日本的玄關都市？

——家康事先預備好的近代

二戰後，昭和二十三年，父母帶著我從九州搬到橫濱，因此從三歲到高中畢業，我都一直在橫濱生活。自懂事以來，我就是個土生土長的橫濱小孩。

橫濱的歷史頂多一百五十年，是日本少數歷史不悠久的大都市。也因為沒有歷史，所以橫濱沒有傳統習俗、傳統的在地守護神、傳統祭典及自古傳承下來的禁忌等。換言之，橫濱孩子沒有背負傳統習俗。

在這沒有歷史的橫濱，「橫濱下水道」就是唯一的歷史——當橫濱的小學透過輔助教材教導學童橫濱歷史時，一定會提到日本第一座近代下水道「橫濱下水道」。「橫濱下水道」在帕爾默（Henry Spencer Palmer）的指導下完成，成了橫濱人引以為傲的歷史。

日本明治政府建立了橫濱港，但橫濱下水道卻是橫濱人自力完成的。橫濱人使用自己所建造的橫濱下水道送來的水生活，進而發展茁壯——橫濱人始終如此認為。

然而，橫濱下水道誕生的背後，其實隱藏著一段頗令人意外的故事。

橫濱的發展

一八五三年七月，美國培里提督率領著黑船，出現在浦賀外海。翌年，培里再次造訪時停泊於橫濱，締結《日美和親條約》，並要求日本提供水、薪材等資源。一八五六年，哈里斯（Townsend Harris）就任美國領事，對日本展開通商交涉；一八五八年，大老（譯註：江戶幕府的職稱，為將軍輔佐，位居一人之下，萬人之上）井伊直弼在沒有天皇許可的情況下，與美國締結了《日美修好通商條約》。

接下來，日本接連經歷了安政大獄（譯註：天皇及尊王攘夷派等反對井伊直弼的種種行徑，卻遭到清算，共一百多人入獄被處刑）、櫻田門外之變（譯註：一八六〇年井伊直弼在江戶城櫻田門外遭暗殺之事件）、池田屋襲擊（譯註：一八六四年新選組突擊京都的旅館池田屋，殺害並逮捕多位長州藩尊王攘夷派的重要人物）、長州征討（譯註：江戶幕府與長州藩之間的戰役）、大政奉還（譯註：一八六七年，十五代將軍德川慶喜主動將政權交還天皇）、鳥羽伏見戰役（譯註：一八六八年，明治天皇的新政府軍與德川支持者的軍隊交戰）、西南戰爭（譯註：一八七七年以西鄉隆盛為盟主，在九州發生的起義事件，也是日本最後一次內戰）等一連串震盪的歷史事件，最後《大日本帝國憲法》頒布了。

在如此震盪的時代，根據《日美修好通商條約》，橫濱、長崎、函館、新潟、神戶等地被指定為國際港口；其中，橫濱港在一八五九年開港，成為日本首座國際港口。

自此，橫濱的絹織品貿易急遽發展，人口也跟著增加。本來只有不到一百戶人家的寂寥橫濱村，在一八八九年已發展成擁有十二萬人的都市了。

沒有大河的港口

在開港的五個港口中，新潟原本就是日本海側，北前船航線的重要港口。然而，新潟港位於信濃川的河口，因泥沙堆積水深較淺之故，雖然可供日本船停靠與行駛，卻不適合遠洋航海的蒸汽船。因此，新潟港直到一八六八年（明治元年）才終於開放給外國船使用，之後信濃川帶來的泥沙又立即導致港口水深不足，在大河津分水河道、信濃川河口大整修等工程完成以前，一直都礙於泥沙堆積而難有發展。

相較於新潟，函館、橫濱、神戶、長崎等新設立的國際港口，都坐擁利於發展的相同地形。

那就是「沒有大河」。

沒有大河，港口就不會有泥沙淤積的問題，也能維持足夠的水深，讓外國船隻可以在岩岸輕易停靠與登陸。開港的四個港口都沒有大河，也都保有讓大型船停泊的水深。

然而，相對於這種地形優勢，這四個港口也都有關鍵性的相同弱點。

那就是這些港口沒有大河，所以「沒有水」。

這四個貧窮的村落，原本都仰賴後方山丘湧出的地下水過活；正因為水源不足，才無法進行大規模的開墾，進而發展不出匯聚大量人口的商業地帶。

橫濱的近代下水道

對開港的四個村落來說，下水道可謂最緊急的基礎建設。日本的近代下水道由這四座都市發展起來，也是必然的結果。

橫濱開啟了近代下水道的第一號工程。

於是，神奈川縣商請英國陸軍工兵將校亨利．斯賓塞．帕爾默（Henry Spencer Palmer）規劃下水道工程。帕爾默設計了引流計畫，打算從四十四公里遠的相模川支流道志川引河水至橫濱高地的野毛山。一八八七年引水工程成功，日本第一座近代下水道就此誕生。

帕爾默成為橫濱的英雄。

這就是橫濱市民引以為傲的近代都市——橫濱華麗的開幕傳奇。

然而，在此華麗開幕式的背後，還有一個連橫濱市民也不知曉的誕生逸事——早在橫濱下水道誕生前，此地便有一座引水系統「二領用水」的故事。

◇──空白的歲月

一八八七年，相模川之水成功引入，橫濱下水道終於完成了。此時距橫濱港開港已過了二十八個年頭。

那麼，橫濱村開港以來的這二十八年間，都是從哪裡取得水源呢？

至今沒有人提過這個疑問。

我曾致電詢問在神奈川縣下水道行政單位工作的朋友。他對於帕爾默設計下水道之前的事也一無所知。於是，我請他影印一份明治時代神奈川縣下水道的歷史記錄。幾天後，我收到這份資料的影本，裡頭的字條還附上一句他留下的話：「我都不知道，原來是引入多摩川的水。」

這份資料記載：「開港後橫濱人口驟增，導致飲用水不足。於是，明治六年（一八七三年）引入多摩川之水，建設木樋水道。但漏水、故障及霍亂感染等問題卻時常發生，確保水質優良便成了當務之急；明治二十年，聘請英國將校亨利・斯賓塞・帕爾默……。」

然而，只有這樣簡單的記述。「多摩川」一詞僅出現一次。不過，橫濱引入了多摩川的水

圖① 二領用水古地圖

出處：國土交通省關東整備局京濱河川事務所

源，這點倒是千真萬確。

資料中的多摩川之水指的是二領用水，是日本農業史中佔有一席之地的水源，也攸關橫濱港的誕生。

二領用水

自橫濱開港往前回溯三百年，回到一五九〇年家康受秀吉之命移封江戶之時。

來到江戶，自高地放眼望去，整片關東平原盡是利根川流域的濕地，彷彿在說這裡可是連種稻都無望。這片濕地要化作旱田，必須等到一六〇〇年關原之戰以後，家康成為征夷大將軍之時。

然而，家康等不了這麼久。他必須立即設法溫飽三萬名下屬與領民。於是，他注意到流經江戶西側的多摩川高地河段。此一高地雖無洪水，卻一直苦於水量不足。

一五九七年，家康任命前今川家臣小泉次大夫為用水奉行，並展開多摩川兩岸用水水道的建設。此時正是關原之戰前三年。

多摩川右岸隸屬於川崎領與稻毛領兩個領地，因此稱為二領用水；多摩川左岸的六鄉用水則流經世田谷領與六鄉領兩個領地，因此兩岸合稱四領用水。

照片①　二領用水，川崎市多摩區

工程始於一五九九年，中間歷經了關原之戰，直到一六〇九年主要水道才完成。接著，送水至各村的分支水路也陸續完工。在川崎一側自宿河原堤引水，送水可達的水田面積為二千公頃，六鄉一側則為一千五百公頃。

圖①為二領用水的古地圖，中心點是現在的川崎市，橫濱市則位於地圖外側南邊。照片①則是流經川崎市多摩區的二領用水。

被忽略的橫濱

從日本文明的角度來看，江戶時代兩百六十年可謂國土大開拓的時代。全日本的大名以德川幕府為首，致力於治水、開墾與開拓新農田等工程。不僅農林漁業，他們也對奠基近代工業的礦工業、絹織品與工藝產業多所著墨。

然而，橫濱這塊土地則在江戶時代大開拓的工程中遭到遺忘。日本對外開國時，橫濱只是個不足一百戶人家的貧瘠村落，原因只有一個——水源不足。

大岡川流經橫濱中心地帶，共二十八公里長，流域面積三十六平方公里，是隸屬神奈川縣管轄的中級河川。大岡川兩側沒有堤防，兩岸緊鄰山丘；海洋帶來的鹽水逆流而上，無法作為飲用水或農業用水；人們只能依靠山手一帶的山丘湧出的地下水過活。數百年來，橫濱村僅能自給自足，靠零星經營農漁業來溫飽自己。

現在，竟要將此貧瘠的橫濱村變身為近代日本的玄關口？

仰賴填海造陸，土地或許還有著落，但無法憑空變出水來。該從哪裡取水？這是很嚴重的問題。

於是，橫濱村決定向川崎村的二領用水「借水」。此時正值橫濱港開港後十四年的一八七三年。

儘管有新政府居中協調，借水仍困難重重。無論在何時何地，這都是不變的道理。借水的人要不斷向供水的人低聲下氣，歷經送禮送錢，被罵、被嘲笑後，才終於借到水。即使對方提出各種無理的要求也不能生氣，因為沒有水，就代表死亡。向人借水的交涉通常是一連串的屈辱。

特別是使用二領用水的川崎村，在這兩百六十年來都由德川幕府家臣直接管轄，而且自尊心特別強的農民都住在這裡。在此借用司馬遼太郎的說法：這個地方的農民自認：「我們可不是大名的鄉下農民，而是將軍大人直屬的農民。」

川崎村歷經與上游溝口地區頭破血流的水源之爭，始終死守著二領用水。這時，他們竟要將比自身性命更重要的二領用水，分給落後的鄉下橫濱村？

明治政府在逼不得已下對外開港，卻一點也不想與奇怪又可疑的老外相處，於是將與老外交流、相處的責任義務丟給了橫濱村。現在，川崎村的居民對於分水給這樣的橫濱村，顯然滿腔不情願。

橫濱先是誕生於無水之際，然後費盡千辛萬苦，才終於向二領用水借到水，而得以存活下去。

橫濱從來就不是誕生於眾人祝福之中的孩子。

◇—不可思議的橫濱

一八八六年，關東一帶霍亂橫行。人口驟增的橫濱除了霍亂之外，水源也不足，所以取得新的乾淨水源成了當務之急。究竟該從多摩川取水，或轉向其他河川求水呢？

橫濱毅然決定轉向相模川取水。但相模川距離橫濱相當遠，不但技術上困難重重，還需花費高額的工程費用。但橫濱不以為意，決定以相模川西側為目標。

若拘泥於地理位置較近的多摩川，眼看著爭奪水源的對手很快就會變為對岸的東京。面對日本權力中心的首都東京，短期內才剛成為暴發戶的橫濱當然沒有勝算。橫濱只想著，不要再度蒙受借水的屈辱。

帕爾默實現了自相模川引水的工程，橫濱終於從二領用水的借水束縛中解脫。自此，橫濱得以用自己的雙腳抬頭挺胸走在近代的最尖端。以往從未在歷史舞台上登場的小小村落，終於變身為日本文明開化的先鋒。

沒有歷史的橫濱，也沒有自己專屬的傳統或文化。既沒有漫長歲月累積的人際關係，也沒有形成於漫長歲月下的人情世故。橫濱接受了老外，就像海綿吸水般接納了西歐文明。橫濱的人喜歡新事物、不愛結黨生事。他們養成了帶有國際觀及重視合理性的風氣。不過，只要提到「水」，這些人就會臉色大變，瞬間變成猙獰的猛獸。

神奈川的水

江戶時代，神奈川西側為靜岡的駿府，東側為江戶的德川將軍家，政治上極度貧弱。箱根的蘆之湖恰好象徵橫濱的無權無勢。

蘆之湖位於神奈川縣內，但神奈川縣卻用不到蘆之湖的水。因早在江戶初期，箱根用水的隧道便已挖掘完成，蘆之湖的水就此流向靜岡的深良村。直到二十一世紀的今天，使用蘆之湖水源的權利仍為靜岡縣所有。

照片②是現在仍在使用的箱根用水蘆之湖取水口，

照片②　箱根用水蘆之湖口（自此流向靜岡）

資料提供：佐藤宗雄的網站「關東 HIKE＆WALK」

水源就是自此流向靜岡縣。

進入近代之後，在大正、昭和時代，神奈川縣率先致力於確保水源。大正時代，神奈川增強了相模川的引水；眼看相模川的水量即將達到界限時，他們便建起了水壩。一九三八年，相模水壩開工，歷經第二次世界大戰，在一九四七年完工。

接下來，神奈川察覺到高度經濟成長與人口驟增的時代即將到來，一九六五年又在相模川建設了第二個水壩「城山水壩」。一九七八年，再度於相模川西側的酒匂川建了三保水壩。

到了二十一世紀開端的二〇〇一年，又完成了水量足以匹敵蘆之湖全日本規模最大的「宮瀨水壩」，可謂相模川流域最強的集水區。

在這段期間，神奈川的縣政雖由保守派、革新派交互任職知事（譯註：等同於縣長），但兩者對於確保水源的方針卻相當一致。對神奈川來說，確保生命之水就是絕對正義。強烈的情感總是驅使著神奈川的人，促使他們為「水」而戰。

在許多時候，能夠驅使人們展開行動的情感，其實都源於內心深處的創傷。神奈川的心靈創傷，就是江戶時代水源不足與明治時代借水的痛苦回憶。

在二十一世紀的今天，大都會橫濱的居民絕對想不到，當時提供初生橫濱生命之水的，竟是老狐狸家康建於四百年前的二領用水。

第9章

未經歷「彌生時代」的北海道如何種稻？

——自由的大地將拯救未來的日本

先不論全球暖化的原因是否為溫室效益作祟，暖化現象的確正以全球的規模如火如荼地展開。

包括巨型颱風等異常氣象，也許勉強可算是大自然正常的變動範圍，但世界各地正面臨著山岳地帶與冰河面積縮小、西伯利亞或阿拉斯加等地永凍層融化等現象，這些現象都明確指出，全球暖化為現在進行式。

全球暖化可怕嗎？我並不這麼認為。比起全球寒化（Global cooling），暖化可說是僥倖了。我這個年代的人在小學和中學時都學過全球寒化的可怕，那時真是聽得我心驚膽顫。

全球人口增加，未來天然資源縮減，全球寒化救不了人類。全球暖化則還有希望。特別是南北長三千公里的狹長日本列島，十分有利於在暖化的環境下生存。因為地球暖化之際，亞寒帶北海道也許會變成溫帶。如此一來，面積等同於東北六縣加上北關東那麼大的北海道，就會變成適合耕作的農地。

北海道是日本未來的王牌——明治之後前進北海道的拓荒者，已為日本的未來準備了北海道這張王牌。

數年前，我忘了在哪本雜誌上看到「日本人最想去的觀光勝地排行榜」特輯，第一名是京都，第二名就是北海道。可見除了對日本人來說別具意義的京都外，大多數日本人都已感受到北海道的魅力。

北海道的確充滿魅力，但具體來說，它的魅力究竟為何？是寬廣的大自然、雪景或溫泉？然而，即使在別的觀光地，也能欣賞得到這些風景。那麼，為何只有北海道如此受歡迎？我一直對此抱持著疑問。

一年前，我站在札幌薄野的十字路口，終於解開了這道謎題。北海道的魅力在於「自由」。不受古老傳統束縛的自由，正是其魅力所在。

自由的北海道

二〇〇三年初冬，我參加了一場在札幌舉行的研討會。結束後又參加交流餐會，之後我前往薄野，打算吃碗拉麵。隨意閒晃之際，腳步停在薄野的十字路口；因為在道路對側的鬧區中，我不經意撞見一塊閃爍著、寫著「薄野派出所」浮誇的霓虹燈招牌看板。

札幌最熱鬧的薄野十字路口，四面八方都被霓虹燈圍繞。即使如此，那塊看板還是非常醒目。薄野派出所？若這是一間派出所，就未免太浮誇了，也許是新型態的風俗店（譯註：提供性交易的風月場所）吧。我穿越十字路口、來到看板下方，發現這裡原來真的是一間派出所。於是，我趕緊到一旁的便利商店買台相機，拍下照片①。

日本的派出所本來就會以圓圓的紅燈為標幟。東京銀座、澀谷、新宿這些鬧區內的派出所，靠著圓圓的紅燈也刷足存在感了。看來，北海道警察希望比這些東京鬧區更顯眼，所以才會立下那樣的看板吧。真是太成功了。

北海道警察想得出這樣的設計，而且真的掛上看板，甚至讓傻眼的我拍下了照片。

照片①　薄野派出所的霓虹燈招牌

攝影：作者

事物的本質總在意外的瞬間單純地呈現了出來。

就這樣，「薄野派出所的霓虹燈看板」不經意地表現出北海道人不拘泥原則的個性。這種不拘泥且不講究的自由性格，正是北海道的魅力所在。

為何北海道人會如此自由呢？在隔天的石狩川小旅行中，我很快得到了解答。

石狩川物語

第二天，我向石狩川出發。雖然來過北海道幾次，但每次都匆匆忙忙，馬上就趕著回東京了。我一直很想找機會好好看看石狩川，這次終於成行了。將一生都奉獻給石狩川治水的老友兼技師前輩則陪我一同前往。

我們先從札幌來到石狩川的河口，再從河口逆流而上。河口旁設有一間「河川博物館」；技師前輩在此為我詳述了石狩川的歷史。

簡單來說，石狩川的歷史就是抄近路，把蛇行的石狩川拉成筆直的河道，專門術語稱為「截彎取直工程」。說到石狩川就是抄近路，說到抄近路就是石狩川，總之是條惡名昭彰、破壞大自然筆直河道的代表河川。

石狩川自大雪山流至石狩灣，這條大河的流域面積一萬四千平方公里，其土石堆積形成的石狩平原地勢起伏小，而石狩川則如此蛇行其中。河川蛇行導致流水不易，一旦遇上大雨或融雪，石狩川就會頓失方向，洪水就會襲擊周邊好不容易開墾好的農地。

若不能平定這條石狩川，北海道勢必難以發展。

為了讓石狩川的洪水盡快流入大海，必須讓蛇行的石狩川河道形成一直線。工程始於一九一八年（大正七年），一一縮短蛇行部分並抄近路。各地因而留下新月形狀的湖泊，而總長

圖① 石狩川下游流域圖

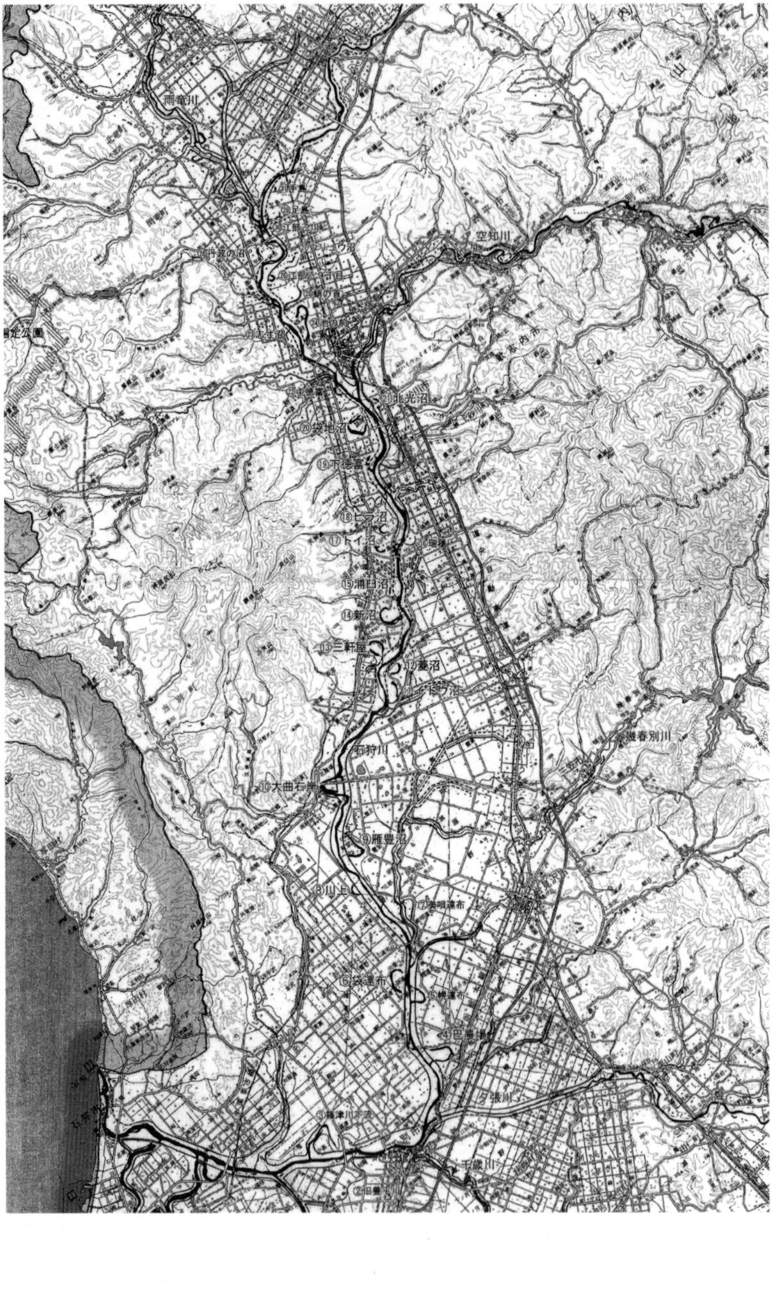
雨竜川
空知川
㉔池の前
㉓志寸沼
㉑北光沼
⑳袋地沼
⑲下徳富
⑱ピラ沼
⑰トイ沼
⑮浦臼沼
⑭新沼
⑬三軒屋
⑫菱沼
石狩川
幾春別川
⑨雁豊沼
⑧川上
⑦美唄達布
⑥袋達布
夕張川
千歳川

三六〇公里的石狩川，最後則縮短為二六八公里。

於是，之後當水量增加時，河水便可立即流向大海，也讓旭川、瀧川、砂川、岩見澤、札幌都得以好好發展。圖①便是現在石狩川下游的流域圖。

這是我所聽到的，石狩川抄近路的故事。

不過這只是表面上的故事，石狩川抄近路的靈魂並不在此。

恐怖的平面圖

河川博物館展示著蛇行的石狩川與現在截彎取直後的石狩川其照片與平面圖等。

看著被削去約總長百分之三十、約一百公里的石狩川河川改道平面圖，我才深刻感受到，石狩川為了抄近路所做的工程多麼令人心生畏懼。

抄近路竟然抄得如此徹底？北海道的技師到底有多討厭蛇行啊？

顯然地，這些平面圖嶄露了技師對於截彎取直的執著。我看過幾百張日本各地河川改道的設計圖與平面圖，卻從未看過如此執著強烈到近乎怨念的圖表。

感受到平面圖傳來的怨念的我，不禁倒抽了一口氣。

技師前輩似乎看穿了我的震撼，於是問道：

「你在想，為何要截彎取直到這種地步，對吧？」我心想，怎麼現在還在問這個老掉牙的問題？我盯著平面圖，頭也不抬地回道：「為了讓洪水順暢流入大海啊。」

前輩對於我沒好氣的回答，以教導後輩的溫柔語氣回說：「才不只是這樣呢。」

當我聽到這個回答後終於看向他說：「不只為了讓洪水能流走嗎？」他笑著點點頭。

接著從老前輩的口中，說出了完全出乎我意料的答案：

「截彎取直是為了讓石狩川的河床下降，進而讓石狩平原的地下水面跟著下降。」

「讓地下水下降？」

「沒錯，截彎取直可以加快石狩川的流速，藉此流速的力量讓河床向下挖掘，進而讓石狩平原的地下水下降。」

我終於理解他的意思，不禁全身起了雞皮疙瘩。

原來如此，這份怨念與執著竟是為了讓石狩平原的地下水下降的執著啊！

石狩平原的妖魔

一八六九年（明治二年），政府設置了開拓使，正式改稱蝦夷（譯註：以往日本人對北海道、樺太、千島群島等地的稱呼）為北海道，進行移居政策。

北海道位於北緯四十二度以北的亞寒帶氣候區，推行移居政策的政府期望達到西方世界那種大規模農業生產的成果。然而，移居者大都是貧窮的士族或農民。

這些移居者最在意的就是「米」。

在故鄉，他們也是和周圍的夥伴齊心協力一起耕作與種稻，無需大型機械，小規模的耕作便十分足夠。米不僅可保存多年，也可換到所需的物資。米是日本人無可取代的寶物與生存的希望。

然而，靠太平洋一側的北海道氣候其實不適合種稻。不但夏季容易起霧，還會吹起寒冷的東北風，況且氣溫也很低。釧路七月的平均氣溫為十六度，八月也只有十七度。在如此嚴峻的低溫下，改良稻米的品種仍無法克服種稻的問題。

相形之下，西側靠日本海的北海道勉強可以種稻。雖然冬季雪量大，但夏季的晴天也多，且氣溫較高。札幌七、八月的平均氣溫為二十一度，位於札幌以北約一二〇公里的旭川，七、八月的平均氣溫也還有二十度。

日本海側可能產「米」，而其平原地帶則全隸屬於石狩川流域。移居者為了種稻，陸續來到石狩平原上的石狩、空知與上川地區。

然而，石狩平原卻有個可怕的妖魔等待著這些移居者，那是從未出現在日本內地的妖魔。石狩平原的妖魔就是「泥灰層」。

惡夢般的泥灰層

在六千年前繩文時代前期，海平面比現在高出五公尺，更別說札幌、江別、岩見澤等石狩地區，就連美唄、砂川、瀧川等內陸的空知地區也是大片海灣。之後歷經地球寒化，海平面下降與海水漸退，原本海灣內的土石形成了沖積平原，然後才變成現在的模樣。

日本內地的沖積平原富含有機肥料，適合種稻。然而，寒冷地帶的北海道，土壤中的植物不易被分解，只要泥灰化後，就會如此堆積於土壤中，形成所謂的泥灰層。六千年來累積的泥灰層，足足有二十公尺以上的厚度。

泥灰雖可作為燃料，卻不適合稻作。移居者只能不斷重複著重度勞動，從別處搬運農用土來作為表層土。然而，下層的泥灰層的水分太多，馬上就腐蝕了這些運來的農用土，導致土地無法耕作。即使融雪結束，泥灰層仍一樣潮濕，初夏時期雖稍微乾燥，但只要一下雨，馬上又會回到原本泥灰濕地的狀態。

若要排掉泥灰層的水，就必須讓泥灰層的地下水面下降。這對移居者來說，可謂生與死的關鍵。

為了讓泥灰層的地下水下降，移居者挖起了排水道。因為石狩川水位過高，無法排出匯集到的水，必須以幫浦強制排水。但對當時的移居者來說，幫浦太貴了，因此難以入手。

若要讓泥灰層的地下水下降，唯一的方法就是讓流經眼前的石狩川河床下降。如此一來，石狩川的水位跟著下降，泥灰層的地下水也會排向石狩川，達到地下水下降的效果。然而，若只是向下挖掘局部石狩川的河道，不用一年就會再度堆積土石並回到原貌。所以，必須在整條石狩川展開徹底的清淤疏濬才能治本。然而，無論是政府單位的開拓廳或移居者都一樣貧窮，缺少疏濬整條石狩川的資金或能夠進行大規模疏濬工程的機械。年復一年，移居者只能抱著絕望的心情看著難纏的泥灰層。

滿腹怨念的截彎取直

一八九八年（明治三十一年），前所未有的大洪水襲擊了石狩平原。殘酷的大地吞噬了眾多開墾夥伴的性命，以及費盡千辛萬苦才開墾成功的小小農地。如此一來，中央政府也不得不正視石狩川治水的問題了。數年後日俄戰爭爆發，讓北海道在國防上的重要性浮上檯面。石狩川的治水與開發就此躍升為國家級的課題。

然而，當時的日本其實是若不借錢、連戰爭都打不了的貧窮國家。必須在預算很低的情況下，同時達到石狩川防洪以及讓泥灰層地下水下降這兩項目的。

土木技師被賦予這項身負北海道未來的困難重任。

於是，他們決定展開徹底的抄近路，也就是截彎取直計畫來達到這個目的。縮短水流不順的蛇行部分，化其為筆直的河道。這是在內地也經常執行的一般性手法。

然而，石狩川的截彎取直卻隱含了不一樣的目的。

截彎取直會帶來什麼效果呢？若將蛇行的河道改直，流速就會馬上加快，洪水也能很快流走。內地河川的截彎取直，大都只為了達到這樣的目的。

然而石狩川卻不一樣。石狩川的河床是柔軟的泥灰層，流速加快便能帶走河床泥灰，導致河床下降。接著石狩川的水位會跟著下降，泥灰層的地下水便能匯入石狩川且跟著排出。

這個計畫漂亮地獲致成功。截彎取直後的石狩川因為流速加快、河床泥沙被河水帶走，水面也下降了。截彎取直的各處都留下新月形的湖泊，浮現於地勢比石狩川更高的位置上，這也證明了石狩川的河床較原本下降了許多。

土木技師反向操作，利用困擾人們至今的石狩川流速，成功逆轉了局勢。

隨著這項怨念頗深的截彎取直工程竣工，惡夢般的泥灰層重獲新生，成為一片希望的大地。

他們在生死存亡之戰中取得勝利。

那股來自石狩川的截彎取直平面圖的執著，正是他們對於活下去的執念。

沒有歷史的北海道

北海道未經歷過「彌生時代」。

北海道的歷史在「繩文時代」後，便是「第二繩文時代」與「擦文時代」，然後緊接著是漫長的「愛努時代」。

北海道未經歷過生產稻作的彌生時代。

北海道克服泥灰層後，才正式進入生產稻作的彌生時代。不，不只是彌生文明，他們還同時迎接了近代文明。如同北海道遲來的春天，櫻花總與其他各式花卉一同綻放，彌生文明也與近代文明同時綻放於北海道。

內地人稱愛努族為「和人」，其經歷了彌生、奈良、平安、鎌倉、室町、戰國、江戶等時代，身上累積了參雜財富與權力、複雜又麻煩的歷史。然而，北海道人卻沒有像內地那樣複雜的歷史。

沒有歷史的人不會受困於歷史或拘泥於歷史。

自由就是不受困且不拘泥於任何事。

來到北海道後感受到的那種自由，就是北海道不拘泥的風氣。薄野十字路口派出所那浮誇的霓虹燈看板，訴說的正是北海道人的不拘小節。

內地的日本人之所以喜歡北海道，正因為此地能讓他們從所背負的複雜歷史中解放。不侷限於歷史的自由大地，接納所有的人。北海道不侷限於歷史，不啻是塊包容的大地。

◇──希望的大地．北海道

二十一世紀是爭奪穀物糧食的世紀。

所幸日本人口正逐漸遞減，但全世界的人口已增加到九十億之多。無疑地，世界正走向糧食不足的那一端。

生產穀物所需的化學肥料原料──磷灰石也開始枯竭。美國為了不讓磷灰石流出，而停止了磷灰石的出口。此外，大量攝取地下水的美洲大陸、中國大陸與印度大陸，地下水水位也一年比一年低。

全球暖化更加深了這樣的困境。一百年後，全球平均氣溫將比現在高出四、五度，高緯度地區的降雨量也會增加，中緯度至低緯度的大陸則將面臨乾旱的問題。

至今作為世界穀倉的大陸，在土地彈性疲乏與嚴重缺水之際，收獲量將大幅減少。世界各國都將確保糧食視為第一要務，一旦遇上問題，便會為了本國利益而停止出口。

在二十一世紀，全球規模的糧食不足課題無疑將日益顯著且嚴重。

圖② 北海道年均溫

現在的氣溫出處：「日本氣候圖」1993年版（氣象廳）

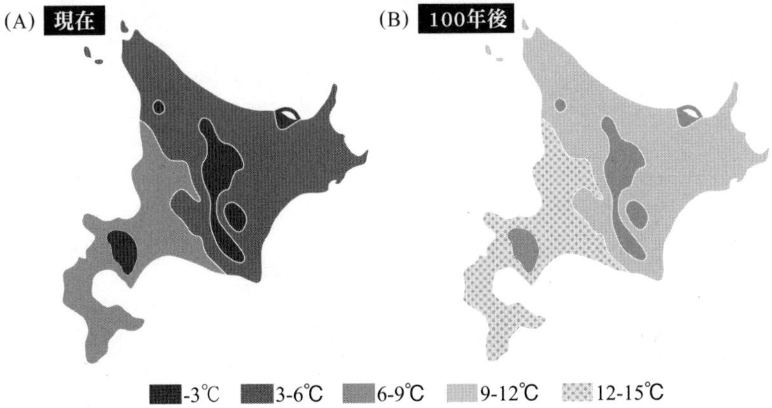

預測一百年後日本的年均地面氣溫將上升3.5至5.5度
（全球暖化對日本的影響，2001年全球暖化問題檢討委員會評價 Working Group）

在這樣的二十一世紀，日本還有一張王牌，一張糧食能夠自給自足的王牌。

這張王牌就是北海道。

圖②的(A)為北海道現在的平均氣溫分布圖，(B)則假設一百年後各地氣溫單純上升四至五度後的平均氣溫分布圖。現在北海道太平洋側的年均溫是三至六度，日本海側是六至九度。一百年後，太平洋側的年均溫是九至十二度，日本海側是十二至十五度。

一百年後，北海道的氣溫將等同於現在的東北至關東一帶，除了稻作之外，整個北海道還能種出各式各樣的農作物。

日本將獲得北海道這座大穀倉。其面積足足有東北六縣加上北關東三縣這麼大。無疑地，這片大地是未來日本糧食的供給地。

未經歷過彌生時代的北海道，即將進入全新的彌生時代。

北海道歷經大正、昭和時代，將充滿怨念的石狩川截彎取直後，迎來了嶄新的彌生時代。

雖然北海道不侷限於過去的歷史，但這樣的北海道卻背負著日本未來的歷史。

第10章

上野的西鄉隆盛像為何建在「那個地方」？

——樺山資紀的心意

成功活過幕末時代的英雄，都異口同聲讚揚西鄉隆盛。

西鄉在西南戰爭時與明治政府正面對決，最後戰敗而死。因為沒留下確切的照片，所以其實沒人知道他實際的長相。

我們心中西鄉的模樣，竟都來自上野的西鄉銅像。

一八九八年（明治三十一年），勝海舟也參加了西鄉銅像的除幕典禮。典禮上，西鄉隆盛之妻糸子夫人留下的那句話「他不是這樣的人」，更加深了關於西鄉實際模樣的謎團。

西鄉隆盛是讓日本從德川幕藩體制轉向明治近代國家的一大功臣，事實上他是怎樣的人呢？

想了解西鄉的人，終究還是會造訪上野的這座銅像。

我去了幾次上野，靜靜地站在西鄉銅像面前。

不知是在第幾次，我終於了解了西鄉銅像的意義。西鄉銅像直接對著我的心說起話來了。

西鄉隆盛果真是偉人。上野的西鄉銅像忠實呈現了這一點。

在一片綠意的六月初夏，我坐在上野西鄉桑前方的長椅上。

一家大小前來遊玩的旅客，一一到西鄉桑前方拍照留念。記得數十年前，父母也在這裡幫我照過相，但我在相簿中卻找不到那張照片，不知道是不是我記錯了？

今天來到這裡，就是為了確認心中掛念的那件事。

我再次仰望西鄉桑。「太好了！」在深呼吸的同時，我小聲嘟噥道。

明治的小小謎團

幕末的故事一直是電視上的歷史連續劇所熱愛的題材。不論看幾次，從幕藩封建體制走向近代民族國家的過程都一樣精彩。

西鄉隆盛在這樣的幕末故事中，肯定都以關鍵的角色登場。每當看到電視裡的西鄉，我都不禁想到西鄉銅像之謎。

雖然是個謎，但之於動盪的明治時代，卻是微不足道的小事。但對於喜歡西鄉的人來說，就像一根卡在喉頭上的刺，是想忘也忘不了的謎團。

這個西鄉銅像之謎，起源於一八九八年（明治三十一年）西鄉銅像的除幕典禮。

參加除幕典禮的糸子夫人，不經意地脫口而出：「我丈夫並不是這樣的人。」

在一旁聽到這句話的人都大感吃驚，連忙悄悄阻止糸子夫人繼續說下去。糸子夫人那句「西鄉銅像和本人不一樣」，究竟代表了什麼意義？之後便再也找不到糸子夫人對西鄉銅像的任何評論了。

因此，糸子夫人的那句話產生了兩種解讀。這兩種解讀分別與「長相」和「服裝」有關。

◇──長相的問題？服裝的問題？

西鄉隆盛不像坂本龍馬或勝海舟，拍攝了得以明確得知就是本人的照片。因此一種解讀就是，糸子夫人指的是銅像「長得」不像本人。

第二種解讀則是「服裝」的問題。西鄉是相當注重禮儀之人。下屬到訪家中時，他還會特地換上　服（譯註：日本和服的一種下裳，較為正式）見客，絕不會穿著居家服出現在客人面前。然而西鄉銅像的服裝，卻與他平日給人的印象大相徑庭。

如今已無從確認糸子夫人那句「不是這樣的人」的真意為何。再者，說什麼西鄉銅像的謎團，根本不是一件會左右明治史的大事。因此，這小小的謎團只默默流傳於西鄉的愛好者之間。

我也是愛好者之一，不過比起西鄉銅像之謎，我還有另一個疑問——關於西鄉銅像「服裝與位置」的疑問。

不僅因為西鄉銅像的服裝是輕便的居家浴衣，而且「為何明治政府要在這裡矗立起身穿這套服裝的西鄉銅像呢？」雖然心中有疑問，但也只是我自己的想像，還不到需要闡明的地步；只不過一想到心情就沉重，不自覺地避開了這個謎題。

上野的山王台設有一間江戶慰靈所，悼念的是為了明治維新四處奔波，最後死去的人。明治政府在這樣的慰靈場上矗立起一座身穿居家便服的西鄉銅像，目的究竟為何呢？

一想到上野西鄉銅像我便心情沉重的理由，是因為我總會陷入一種疑惑——這座銅像其實代表了明治政府對西鄉隆盛的惡意。

彰義隊

日本以無流血革命完成了自江戶封建幕藩體制，轉向明治中央集權立憲君主制這般巨大的轉變。之所以說是無流血革命，是因為大政奉還與江戶無血開城的緣故。

一八六八年（慶應四年），在高輪的薩摩藩宅邸，大總督府參謀西鄉隆盛與前幕臣（譯註：仕奉幕府之長征夷大將軍的武士、家臣）勝海舟進行會談。兩人談妥，依照勝的主張保障德川慶喜的安全；同時依照西鄉的主張讓幕府交出江戶城。江戶無血開城依此會談實現了，整個江戶因而免於戰火摧殘。

西鄉隆盛與勝海舟之間存在深厚的信賴關係，西鄉並將維護江戶治安的工作交付給熟知江戶的勝海舟負責，而勝海舟又將此任務交付給以上野寬永寺為據點的一橋家（譯註：德川家族的分支，德川慶喜的原生家族）前幕臣。

一橋家的前幕臣將據點設在上野，不是為了反抗新政府，而是想伺機讓一橋慶喜復辟。然而，這些前幕臣在受命維護江戶治安的任務後，則轉向與新政府針鋒相對。由眾多志願兵組成的彰義隊（譯註：為了護衛德川慶喜而組成的部隊，負責維護江戶治安）深受江戶居民愛戴，於是此隊人數一路攀升，最後超過了三千人，並成為一大集團。

行事愈發激烈的彰義隊讓新政府頭痛不已。因此，新政府便找來長州軍事戰略天才大村益次郎。

大村益次郎無視大總督府的西鄉等人，擅自展開了討伐彰義隊的作戰計畫。

大村益次郎的討伐作戰

大村益次郎規劃的彰義隊討伐作戰，最大的攻防地便是從上野廣小路到進入寬永寺的黑門一帶。寬永寺的黑門就像城池的大手門，也是彰義隊主隊的根據地。

現在，我們看不到這座重要黑門的蹤影了。從上野廣小路前往上野山丘的途中，會看到一座設有青蛙雕像的噴水池。照片①便是悠閒吐出水柱的青蛙噴水池，也是以前黑門的所在地。

作戰一旦開始，黑門的攻防戰勢必相當激烈，雙方也會出現眾多傷亡者。大村益次郎指名薩摩藩隊為攻擊黑門的先鋒部隊。據說西鄉聞到此一消息後詢問大村：「你想讓薩摩兵全都去當殺手嗎？」大村面不改色地回答道：「正是。」

最後，西鄉隆盛以指揮官的身分加入此戰役。

一八六八年五月十五日凌晨，新政府軍攻向了上野寬永寺。

黑門與山王台的激戰

薩摩隊開始準備，打算自上野廣小路進攻寬永寺正門的黑門。然而，從上野黑門就能清楚看見上野廣小路的情況；再加上彰義隊在黑門正上方的山王台上設有大砲，因此彰義隊只要從黑門射擊並從山王台展開砲擊，薩摩隊馬上就會陷入苦戰。

看到薩摩藩受困於山王台的大砲攻擊，同為新政府軍的鳥取藩隊來到可看見山王台狀況的

照片① 建於黑門遺址上的青蛙噴水池

商家二樓，開始狙擊彰義隊。彰義隊沒想到敵軍會從商家二樓進攻，於是大為動搖，而薩摩、熊本與鳥取藩隊的敢死隊也趁機爬上山王台崖邊，攻破了山王台。

薩摩藩隊趁此良機，一口氣逼近黑門，並在黑門周邊展開了無槍無刀的激烈肉博戰。

接著，紮營於本鄉台的佐賀藩砲兵隊又以最新式的阿姆斯壯大砲進攻彰義隊，導致彰義隊瓦解並四處敗逃。始於凌晨的上野戰爭，直到傍晚寬永寺陷入火海時才終於落幕。

黑門與山王台，就是上野戰爭最大的激戰地。

至於山王台，就是現在西鄉銅像的設置之所。

西鄉銅像的除幕典禮

黑門與山王台是上野戰爭中最激烈的戰地，是跟隨西鄉來到江戶的薩摩士兵，與為了江戶而賭上性命的前幕府家臣武士彼此相殺與喪命之地。

對指揮作戰的西鄉來說，黑門與山王台就是慰靈之地。

明治政府在此慰靈之地，建造了這座衣衫不整的便服西鄉銅像。

一八七七年（明治十年），西鄉在西南戰爭中將刀鋒指向新政府，最後自決於戰火中。據說明治天皇十分信賴西鄉，對他的死感到悲痛不已。在明治天皇親自推動下，伴隨一八八九年（明治二十二年）大日本帝國憲法頒布，西鄉也獲得恩赦，不但名譽恢復，更追贈正三位位階。

為了讚揚西鄉的功績，決定設立銅像。於是天皇下贈黃金五百圓，再加上多達二萬五千人的捐贈，一八九三年（明治二十六年）銅像動工，三十一年完成，然後舉行了除幕典禮。總理大臣山縣有朋、勝海舟、大山巖與東鄉平八郎等成功活過明治維新的英雄，都列席了此一除幕典禮。

西鄉隆盛之弟西鄉從道的女兒拉下銅像的布幕。於是，身穿浴衣便服、在野外遊玩的西鄉銅像便出現在眾人眼前。

糸子夫人便是在這個瞬間脫口而出：「他不是這樣的人。」

江戶唯一的戰場「山王台」

在無血開城的江戶，上野的山丘成了唯一的戰場。整個東京只有這裡會讓人想起在於明治維新去世的人，這裡也是唯一的慰靈之地。

明治政府為何要在此慰靈之地建造一座衣衫不整的便服西鄉銅像？難道這是出於對西鄉隆盛不懷好意嗎？

西鄉銅像建造委員長樺山資紀在除幕典禮開場時，向眾人報告了銅像建造的經過。在樺山資紀漫長的報告中，有幾處提到了西鄉銅像姿態的設計。

「從一開始，銅像的設計圖就讓人苦惱不已，一再延期又不斷修改，最後終於決定做成現在的模樣。我們認為，西鄉先生平日喜愛在山野間狩獵的模樣最能展現出其超凡、脫俗的性格。」（取自敬天愛人Forum，上野公園銅像的由來）。

在樺山資紀建造委員長的報告中，只有這裡提到西鄉銅像的姿態。一般在這類除幕典禮上，多半只會報告一些無關痛癢的內容，通常在如此大喜的典禮上不會多說什麼背後的辛勞。然而，樺山資紀卻用了「苦惱不已」這樣的詞句形容銅像的設計，不禁讓人感到背後有其他故事。

除幕典禮的報告中提到，銅像的雕刻出自於高村光雲之手。

那麼，西鄉銅像的姿態也是雕刻家高村光雲的點子嗎？

高村光太郎的回顧

為何高村光雲要讓西鄉銅像穿上便服呢？現在我們已無法窺見高村光雲的腦中在想什麼了。

大正至昭和時代，高村光雲的長男高村光太郎曾發行詩集《道程》、《智惠子抄》等作品，他是詩人也是雕刻家。關於高村光雲的資料很少，但高村光太郎的資料卻相當豐富。我在不自覺深入調查高村光太郎的資料後，發現了一本高村光太郎的回憶錄（《昭和文學全集第四卷》小學館，一九八九年）。

在高村光太郎的回憶錄中也提到了父親光雲，說到光雲在製作楠木正成像時與明治天皇的種種交流與回憶，以及之後製作西鄉銅像時的逸事。

「許多認識南洲（西鄉隆盛）的人都來看過這座銅像，每個人都提出了自己認識的、心中的南洲樣貌。伊藤（博文）先生等人說，應該讓銅像穿上陸軍大將的服裝，海軍大臣樺山

（資紀）先生則說，應該以在鹿兒島狩獵的服裝為佳，才能真正呈現南洲的性格與姿態，因為樺山先生太堅持且毫不妥協，最後就以那樣的服裝製作了。（中略）我記得，樺山先生甚至曾因此生氣地大聲指示與爭執。」

終於找到了。決定西鄉隆盛銅像姿態的人，正是樺山資紀。銅像建造現場的目擊證人高村光太郎是這麼說的。

◇樺山資紀的指示

樺山資紀生於薩摩。從軍參加薩英戰爭與戊辰戰爭，並深受西鄉隆盛認可；他在明治四年西鄉留守內閣時期，受任為陸軍少佐。

西南戰爭時，他死守遭薩摩軍攻擊的熊本城，之後一路平步青雲，擔任過陸軍少將、海軍次官、海軍大臣、海軍大將與文部大臣。樺山是一位豪邁大膽的軍人，說話也開門見山、單刀直入。擔任海軍大臣時，還引發了蠻橫演說事件。

就是這樣的樺山資紀，決定了西鄉銅像的模樣。他否決伊藤博文主張的陸軍大將服裝，決定讓西鄉以遊玩於山野間的姿態示人。

除幕典禮上，建造委員長樺山資紀說：「他平日喜愛於山野間狩獵的模樣，才最能展現出其超凡、脫俗的性格。」果然有重大意涵。

伊藤博文主張的陸軍大將之姿，並不能慰藉西鄉在天之靈。這座山王台不只是薩摩藩士兵的慰靈地，也是前幕臣彰義隊的慰靈地。為了超越新政府與前幕臣戰爭與摩擦的歷史，慰藉死於明治維新的眾多在天之靈，西鄉銅像不該身穿軍服，而是以在野外遊樂的姿態示人。

然而，還有一點讓我十分在意。

那就是這個設置西鄉銅像的「地點」山王台。

西鄉銅像的位置

西鄉銅像的後方是彰義隊的墓地。西鄉銅像的位置彷彿遮蔽了彰義隊的墳墓，對於這點我相當在意。

山王台的彰義隊之墓建於一八八一年（明治十四年），比西鄉銅像早十七年。若刻意讓西鄉銅像建在遮住彰義隊的位置，怎能算是弔慰彰義隊之靈呢？於是我不禁揣想，這分明是明治政府、樺山資紀等人對彰義隊不懷好意。

我帶著這些擾人的思緒，出發前往上野的西鄉銅像。

西鄉銅像悠然地站在初夏的陽光下，背後的林地是彰義隊的墓地。

圖① 上野西鄉銅像的位置

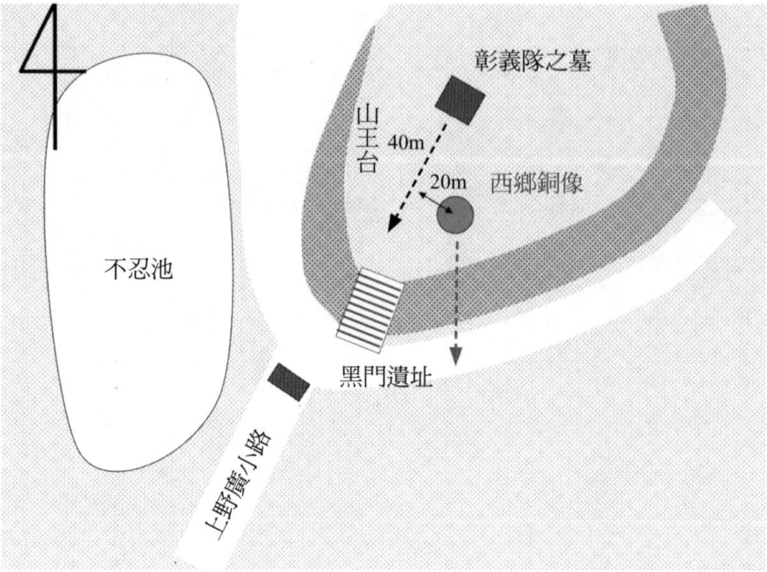

我在彰義隊的墓前雙手合十，從墓地往前望去，便能將上野廣小路一覽無遺。西鄉銅像雖矗立於彰義隊墓地前方約四十公尺處，但大約是位在墓地正前方、向左偏約二十公尺的位置。

彰義隊的墓地沒有被西鄉銅像遮蔽，是朝向新政府軍攻來的上野廣小路。

西鄉銅像沒有遮蔽彰義隊之墓。

我從彰義隊墓地走向西鄉銅像。來到銅像前，我發現銅像眺望的並非上野廣小路，而是自上野廣小路偏南約三十度角的方向。那不是皇居的方向，也非西鄉的故鄉鹿兒島。

圖①是山王台上西鄉銅像的位置與眺望的方向。那是太平洋的方向，而他眺望的，正是跨越太平洋來到日本的美國艦隊。

為了明治維新之戰而日夜奔波的西鄉，彷

佛保護著過往的敵人彰義隊；他站在山王台上，持續眺望著東京灣與太平洋。

東京的三大銅像是皇居前的楠木正成像、靖國神社的大村益次郎像、上野的西鄉隆盛像。其中西鄉隆盛像獲得壓倒性的人氣，最受大家歡迎。楠木正成像則是穿著盔甲、奔向皇居；大村益次郎則保持與彰義隊作戰時的指揮官模樣，至今依舊怒視著上野。只有西鄉隆盛那在野外遊樂的便服模樣，象徵了江戶無血開城的和平進程，成為各地日本人來上野拍攝紀念照時的人氣景點。

西鄉沒有遮住彰義隊。樺山資紀打從心底敬愛西鄉。當我在西鄉銅像前領悟到這點時，感到如釋重負，眼眶也濕濡了。

第11章

信長為何只差臨門一腳就統一天下？

——只有弱者才具備的創造力

織田信長是一位不可思議的戰國大名。

人們談論信長時，大都不是聚焦於戰場上的戰鬥，而是他年輕時的奇妙行動、對下屬的態度及對槍砲、西歐文化的興趣等，他的一舉一動總是掀起話題。

戰場上的信長總一而再、再而三地陷入苦戰。只有幾近犧牲打的游擊戰——桶狹間之戰，可說是他戰場上的唯一勳章。在正規戰鬥上，盟軍德川家康、屬下羽柴秀吉（譯註：豐臣秀吉的前名）、柴田勝家、前田利家等人總是更加活躍耀眼。

在平定戰國之亂的織田信長、豐臣秀吉、德川家康三英傑中，織田信長的戰鬥力似乎略遜一籌。然而，這樣的織田信長卻近乎就要一統天下。他逝世後，就僅剩豐臣秀吉與德川家康二人的戰鬥了。

為何不擅於戰鬥的信長，可以只差臨門一腳就統一天下？

答案是，正因為信長不擅於戰鬥，才得以統一天下。

我之所以得到這樣的答案，要歸因於靈長類學者河合雅雄博士的一番話。

拜讀靈長類學權威．河合雅雄博士的猴子論述時，我驚訝得下巴都要掉下來了。

珍．古德（Dame Jane Goodall）在觀察野生黑猩猩的群居生態時，曾經目擊一個有趣的現象。黑猩猩群中有隻雄猩猩麥克體型嬌小且生性膽小，在序列中地位最低。有一天，麥克在強勢的雄猩猩旁拍打石油罐，發出巨大的聲響。強勢的雄猩猩討厭且害怕這種聲音，因此麥克藉此機會，地位一天比一天高，最後成為猩猩群中地位最高者。正因為麥克處於弱勢，才會想到運用道具來扭轉情勢。

這隻膽小鬼麥克幫我解開了一道謎題——織田信長之謎。

難以理解的信長

自應仁之亂起，戰國時代持續了逾百年。正是織田信長，創造出平定如此戰國亂世的契機。

信長華麗地在歷史舞台上登場，是在一五六〇年的桶狹間之戰。之後他擊敗美濃齋藤氏，在　川之戰上打敗淺井和朝倉氏，然後在長篠之戰打敗武田勝賴，迫使武田在大坂的石山本願寺屈服。一五八二年，眼看信長即將「天下布武」——以武力平定天下，但卻在本能寺遭明智光秀反叛，結束了四十九年的一生。

信長頗具代表性的戰役是桶狹間之戰、長篠之戰，以及在石山本願寺之戰中與毛利水軍的對峙。

我們這些後世之人總是輕易地被信長這些華麗的戰果所吸引。然而，若仔細分析信長的戰役便會發現，信長的戰術其實相當笨拙，充斥著一連串的苦戰苦鬥。

信長與元康（之後的家康）結成清洲同盟後，曾多次進攻美濃齋藤氏，但在美濃抵抗下多次失敗。最後因為藤吉郎（之後的秀吉）的策略才好不容易戰勝美濃；此時距離桶狹間之戰已有七年之久。

同樣地，與淺井．朝倉聯軍的姉川之戰也是。信長軍本隊共分成十三個陣營，但前面十一個陣營都陸續節節敗退；最後在此千鈞一髮之際，靠著家康的活躍，如履薄冰地勉強獲勝。

他與一向宗（譯註：淨土宗教派之一）門徒的戰役也是如此。這次戰爭中，信長也是節節敗退。他在對上死守願証寺的長島一向一揆（譯註：淨土宗本願寺教團的起義）時陷入苦戰，也無法打贏大坂石山本願寺，最後共花了十一年才好不容易談和。

信長戰敗的經驗相當豐富，看來他真的不擅長作戰。

強者信長與弱者信長之間的落差大得令人咋舌。究竟信長是強是弱？弱小的黑猩猩麥克，幫我解開了這個延宕已久的疑問。

圖①　戰國時代諸國的分布圖

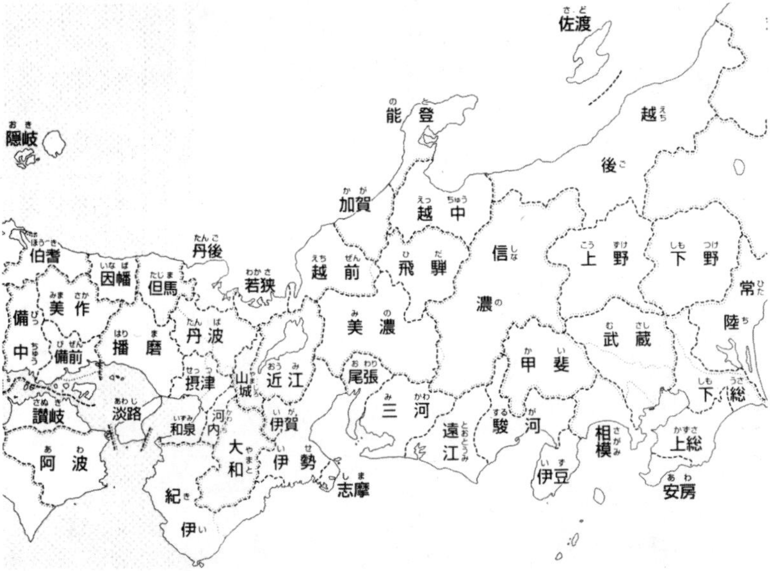

出處：《圖解　理解戰國時代是如此有趣》（金谷俊一郎著，KADOKAWA 中經出版）

孤僻的武將・信長

圖①是戰國時代的領土分布圖。以尾張為根據地的織田家，從祖父信定、父親信秀到信長，四周始終被敵國包圍。

東側是三河的松平氏及後方的今川氏，北側是美濃的齋藤氏及後方的武田氏，西側則是伊勢的北畠氏、滋賀的淺井氏。只要一個不小心，尾張就可能被周遭強勢的大名所吞噬。

圖②是依地勢海拔高度，電腦繪製而成的中部・近畿地方地形圖。圖②(A)是現在的地形圖，(B)地形圖的海平面比(A)高了五公尺。也就是說，那是繩文時代前期的地形圖。

由此繩文時代的地形圖可知，大海一直

圖②(A) 現在的近畿・中部地方

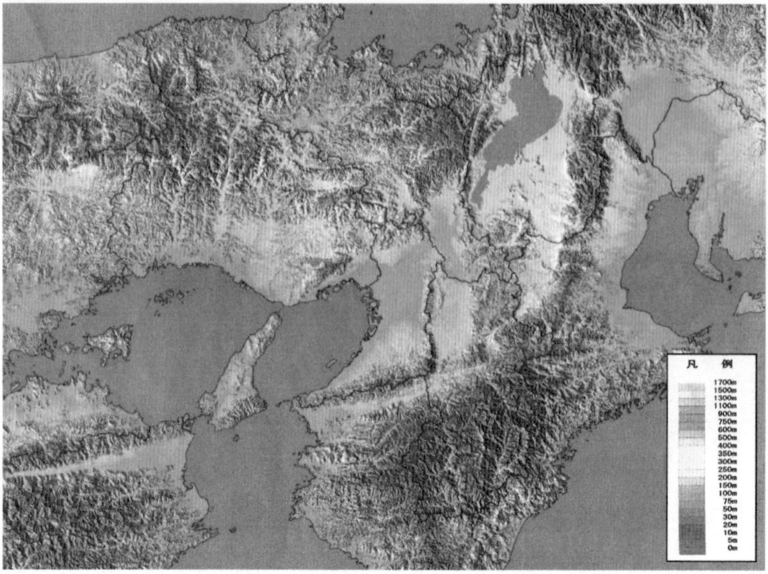

延伸至岐阜縣的大垣市，而當時尾張、濃尾地區都沉在海底。之後海平面下降，並在河川帶來土石堆積後才形成廣大的尾張・濃尾平原。比較(A)、(B)兩圖後，便可看到此一明顯的變化。

看過這張地形圖後，便會清楚了解到，此地對水災無可奈何。即使現代有堤防與排水幫浦，這一帶的排水系統還是不太好。只要稍微下大雨或漲潮，便可能發生大災難。一九五九年（昭和三十四年），伊勢灣颱風造成四六四五人喪生；二〇〇〇年（平成十二年）的東海豪雨僅僅一晚就奪走共六千億日圓的人民財產，許多史上留名的重大災害都發生在這個地區。

更別說沒有堤防與排水幫浦的戰國時代，只要稍微下雨就會馬上淹水；在一至三日

圖②(B) 繩文時代前期的近畿・中部地方（海平面上升了五公尺）

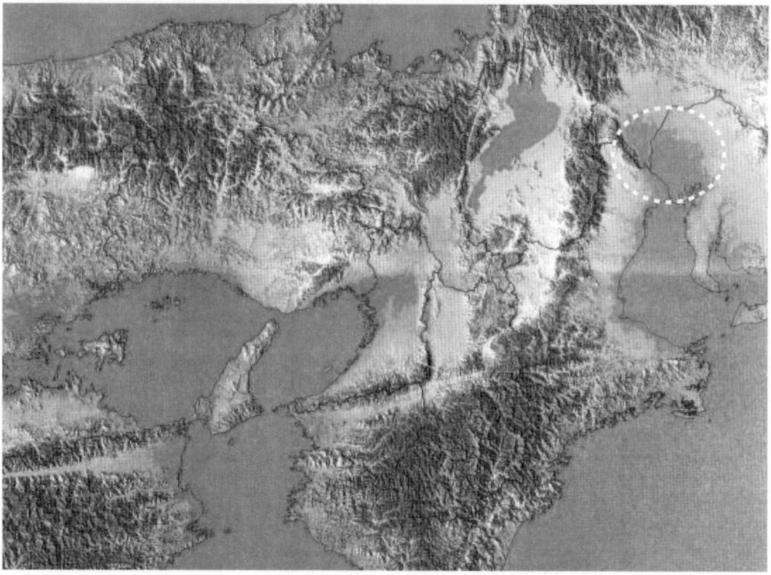

後，揖斐川、長良川、木曾川、庄內川等隨著時間差紛紛泛濫，多日不退的洪水形成了濕地地帶。

信長的根據地清洲與甚目寺，便是位於如此濕地地帶上。雖然適合稻作，卻不適合作為大軍壓境的戰場。

相較下，武田、上杉、今川、齋藤、淺井、朝倉、松平氏等周邊大名，其根據地都是乾燥的大地，適合騎兵、士兵演練、布陣及與敵人對峙，也是戰國時代交戰的重點戰場。

與此同一時期，織田一族三代之間，不斷發生以血洗血的慘烈內鬥。無論在土地或鬥爭上，都是陰濕一片。長於如此環境下的信長，沒有在大地上奔馳布陣及與敵軍對峙、交戰的經驗，以致他因為不了解戰國的戰爭，而成為被戰國爭戰排擠在外的孤僻武將。

這樣的信長當然不強，弱小且不擅戰是理所當然。

這樣的弱者信長，卻一次又一次打倒戰國最強的敵人，這才是信長之謎。

◇不惜一死的信長

信長最著名的桶狹間之戰，也是一場不可思議的戰役。

一五六〇年，今川義元率領三河的松平元康（譯註：即德川家康）等四萬大軍進攻尾張。此時織田軍只有五千人，而且大都是沒有戰鬥經驗的士兵，而對方則是身經百戰的今川軍。無論從什麼角度來看，今川軍都佔上風。

信長陷入走投無路的苦戰，無論是布陣對峙的戰法或死守清洲城的戰術，全都被今川軍輕易破解。此時信長已經做好徹底敗戰、自己也難逃一死的覺悟。就在此時，他歌詠出著名的幸若舞（譯註：室町時代流行的曲調）：「人生五十年，相較於天地長久，如夢又似幻；一度得生者，豈有不滅者乎？」

然而，信長不但沒有戰死，反而走向了勝利。

信長為何能在桶狹間之戰中勝出，流傳著眾多說法。

譬如：信長熟知桶狹間的地形、他窺探今川陣營的偵察奏效、突如其來的驟雨幫了他一把，以及今川義元在大白天開設酒宴才一時失策等。

這些都是信長勝利之謎的拼圖碎片，但非整體。

在論述此一謎題時，歷史學家大都在聚焦取得今川義元的首級後就到此為止，沒有人提到為何今川大軍會在今川義元人頭落地的瞬間，就立即崩解了。

其中隱藏了得以窺見全貌的最後一片拼圖。

本隊變身為特攻部隊

無論怎麼做都贏不了，絕對難逃一死，信長抱著這樣的覺悟，採取了顛覆戰國常理的作戰方式。他既不佈陣與今川軍對峙，也沒有死守城池。

信長親自展開特攻作戰，他的目標只有一個——取得今川義元的首級。

總大將親自突擊敵方陣營，等於是將自身性命暴露於敵軍面前。戰國時代沒有人會採取這種戰法。因為無論有多少重臣生還、幾萬士兵倖存，只要總大將戰死，便立即全盤皆輸。

總大將若戰死了，就要盡快在家族中選定接班人。在戰國這個下剋上的時代，相較於與他國的戰爭，選定下任君主更為重要。

若在與他國的戰爭中不幸戰敗，只要逃回本國城池死守籠城就好。死守城池時，若剛好遇上農忙時期，敵軍也許就會返國從事農耕了。兵農分離是更之後的時代才發展出來的分工方式，當時的士兵同時也是農民；對他們來說，種田割稻比作戰還重要。

也就是說，與他國對戰時，只要城池沒有陷落，留住性命與領土就還有退路。不過，家族內鬥後的戰爭就不只這樣了。戰敗者沒有領土或城池可以撤退，可說是賭上性命、領土與所有的一切，也就是一場沒有退路的戰爭。

因此，在戰國時代，總大將之死便代表了繼任爭奪戰的開打。也就是，總大將一人的死亡將導致作戰至今的大軍如同不曾存在般地全面崩解。

所以，身為總大將的信長親自化身為特攻隊，將性命暴露於敵軍面前。這不可能是信長軍隊會採用的戰術。

眼看明天就要作戰，信長依然不召開任何軍事會議，據說這讓身邊要臣長嘆不已、忿恨不平。但信長明白，若是在軍議會議上說明這種戰法，可能會讓要臣越混亂。信長的特攻作戰，代表的是信長之死，也代表繼任戰爭的開打；如此一來，織田軍勢必在作戰前便分崩離析。因此信長不召開軍事會議。

信長的作戰方法只有一種，就是當今川大軍在山中行軍並形成縱隊時從旁切入、攻擊大將的陣營。無論多龐大的軍隊，只要走進山裡，也只能排成一細長隊伍前進。熟知家鄉地形的信長，將此山地地形視當成唯一的盟軍，並就此攻入。

於是，僅兩千人的信長特攻隊成功取得了今川義元的首級。就在「取下義元首級了！」的吶喊中，原本具壓倒性聲勢的四萬今川軍立即煙消雲散。

信長化身為特攻隊，獵取義元的首級，就是所謂的桶狹間之戰。

卑鄙小人的戰役

長篠之戰也是一場顛覆戰國時代常識的特殊戰役。

在一五七五年長篠之戰的戰場上，織田和德川的聯軍攻破了武田的騎兵軍團。槍砲隊設置了三層的拒馬，再從後方射擊，作戰的詳細經過一直廣為流傳。

我有興趣的問題是：「信長何以決定採用此一戰術？」

這個問題的答案就藏在這場特殊的戰役中。無論怎麼看，這都是一場奇特的戰役。

相對於織田軍的三萬五千人，武田軍只有一萬五千名士兵。此時織田軍佔有壓倒性的優勢。這場戰爭的戰場在設樂原，離武田的根據地信州相當遠，卻是信長熟悉的地區。我曾到當地查看，發現那裡地勢起伏劇烈、道路狹窄，騎兵難以發揮實力。無論從什麼角度來看，這場戰役都有利於織田軍，而不利於武田軍。

即使如此，織田軍仍以不尋常的執著設置並仔細製作了約三公里長、有三層高的紮實拒馬。信長更下達命令說：「不可跨出拒馬作戰。」於是，信長軍就在拒馬後方以槍砲射擊武田的騎軍，跌落馬匹的武將頓時陷入槍林彈雨中。武田軍發動了近二十次突擊，雙方激戰達八小時之久。

這場戰役被視為織田聯軍的壓倒性勝利，而拉開差距的卻非士兵的死傷人數，而是雙方幹部要臣的戰死人數。織田軍沒有要臣傷亡，但武田軍卻有二十名以上的要臣戰死。

這就是這場戰役的特殊之處。武田軍的武將勇猛果敢地展開突擊，但都淪為槍砲隊的目標，織田軍的武將全都待在後方，始終沒有出現。

若以相撲來比喻，就像武田軍的力士脫了衣服站上土俵，但對手織田軍卻連衣服都不脫，也不站上土俵，而只是在土俵下牢牢穿著盔甲，然後突然以槍砲展開攻擊。在土俵上，赤裸的武田軍立即一一應聲倒地。與其說這是作戰，倒不如說這是無視於戰場上作戰的默契，一味地展開屠殺。

在如此屠殺的戰場上，恐懼的氣息四散開來。那並非遭屠戮者的恐懼，而是屠戮者也被恐懼所控制。凝視長篠之戰的屠殺劇碼時，可窺見信長軍的恐懼。

信長自少未經歷過大型會戰，可說是戰國時代中的戰鬥弱勢。他旗下的武將也都是中途挖角而來的，能仰賴的只有前田軍、佐佐軍與德川軍而已。另一方面，武田軍是數十年來身經百戰的菁英集團，向心力也無庸置疑，其騎兵隊能以時速四十公里提氣奔馳，無遠弗屆地欲擒故縱、欲縱故擒，可說是十六世紀時全世界最強的騎兵。

據說武田騎兵隊一旦攻入，士兵便會放聲悲鳴、四處遁逃。無論設下多少陣形，都會被瞬間攻破，並直搗大將所在的本隊。織田軍的士兵面對這樣的武田騎兵隊，每個人都恐懼而怯懦。信長看著這些害怕的士兵，再度發揮不可思議的力量。

被恐懼操控的弱者該如何取勝？不被既有的框架限制且不擇手段，即使被說成卑鄙小人也無妨；總之，可以取勝的戰術究竟為何？信長不斷思索著。他最後想到的便是這個在層層拒馬後方以槍砲射擊的戰術。

長篠之戰既是一場深陷恐懼的弱者之戰，也是一場卑鄙小人的戰爭。

石山本願寺之謎

接下來，我們再來看看石山本願寺之戰。

在一五七〇至八〇年的這十一年間，信長與日本各地的一向宗展開了一次又一次的浴血作戰。這場在一向宗總本山——大坂石山開打的石山本願寺戰役，右稱為石山本願寺之戰。此戰中藏有兩道謎題。

為何信長如此執著於石山本願寺？又為何戰爭會陷入如此膠著的長期泥沼戰？

信長對石山本願寺的執著，可說相當不尋常。真正的理由眾說紛紜。有人說，因為信長想取得一向宗的財力，也有人說信長想成神，或一向宗支援各地的大名等，眾多說法族繁不及備載。

然而，信長厭惡不明確的習俗、傳統與宗教，是當時少見的理性主義者。若他對石山本願寺的執著是出於上述原因，那麼這場戰役實在太不理性了。

石山本願寺並無專屬的領土。摧滅這種沒有領土的宗派，自己的領土也不會增加。這會讓受命討伐一向宗的武將無法接受。一旦少了戰國時代最重要的戰利品——領土，戰爭就淪為單純的殺生。

即使是握有絕對權力的君主信長，也不會讓武將持續無謂的殺生。若他真的這麼做，武將也不會再追隨信長。這其中一定存在著重大的理由。

這場戰役持續了十一年之久，相當不可思議。對方不過是僧侶及男女老少的民眾集團，並非專業的戰鬥集團。即使一向宗的信徒喊著：「前進一步是極樂淨土，退後一步是無間地獄。」每個人不畏死地拚命抵抗，信長軍應該不會節節敗退才對。

信長為何如此執著於這場戰役？為何這場戰役會持續這麼久？

答案就藏在圖②(B)當中。

絕對的上町台地

其實信長並非執著於一向宗，而是執著於「石山」這塊土地。

石山是大阪市中央區的上町台地。從圖②(B)的近畿地區地形圖可知，這塊上町台地在繩文時代是突出於大阪灣的半島。

戰國時代，海平面雖下降，但漲潮時海水會一路逆流至淀川、大和川深處；而且一下雨就會淹水，形成一片濕地。自浪速、難波等大坂地名可知，這些地方都曾受到海浪侵襲，而大坂的地名河內其實就是「河流內側」之意。當時的大坂、攝津一帶，只有石山的上町台地是乾燥的高地。

再者，當時的物流運輸大都靠船運，上町台地也是船隻交匯的重要中繼站。而且上町台地位於淀川河口，能牽制京都的朝廷。再加上這裡還是前往貿易港．堺港的必經之路，可謂討伐西日本大名的最前線基地。

「石山」，也就是上町台地，可謂平定戰國亂世時絕對少不了的重要據點。

無論如何信長都想取得這塊土地。信長的武將也都明白上町台地的重要性，因此整整忍受了十一年漫長辛苦的戰爭。

只有取得此一上町台地，才能平定戰國天下，這也是為何信長決定打石山本願寺之戰。

西日本的大名中，安藝（譯註：現廣島縣安藝郡一帶）的毛利輝元也深知此戰的重要性。毛利聯合村上水軍，與一向宗並肩作戰。

在中世紀與戰國時代，村上水軍曾制霸瀨戶內海的海上集團，室町時代的幕府甚至曾授權命其維護海上治安；他們的勢力遍及中國東岸、臺灣與南亞等地，並掌握了輸入日本的海外資訊、技術與物資。他們神出鬼沒於離島眾多的瀨戶內海，被譽為不敗的軍團；他們既是移動的海軍與海警，也是海盜。

毛利水軍與村上水軍聯手掌握了大坂灣的制海權，進而為上町台地的石山本願寺提供補給與物資。

如此一來，攻擊石山本願寺的路線，就只剩上町台地南側的天王寺口。本願寺只要守住狹窄的天王寺口，哪怕只有僧侶、民眾也不成問題。這也是為何信長進攻本願寺屢屢受挫、花費十一年的原因。

石山本願寺之戰的謎底全都藏在圖②(B)的上町台地地形中。

世界海戰史上首次採用的戰術

一五七六年，石山之戰爆發後第六年，信長勢如破竹地擊敗淺井、朝倉及武田等大名，因而士氣大漲，轉而將矛頭指向毛利水軍。這一次，信長水軍依然採用在長篠之戰立下豐碩戰績的三段式防護槍砲射擊法。然而，在長篠之戰中大勝的三段式槍砲法，對毛利水軍卻起不了作用。毛利水軍的戰艦一股腦兒接近織田水軍，使用所謂「焙烙」的燒夷彈與火弓箭等展開攻擊，一一燒毀信長水軍的戰艦。

信長一生歷經多次敗戰，卻從未輸得如此體無完膚。「信長戰敗了」的消息傳開後，原本好不容易驅於安定的戰國之世再度變得混亂。

這下子信長親自感受到了毛利水軍．村上水軍的強大與恐怖。

信長的強韌與天才秉性便在這種時候開始發揮。正因為信長知道自己的弱點，才得以變身。

要怎樣才能打敗毛利水軍的無敵戰艦呢？信長拚命思考著。最後他想出當時無人執行過的全新戰術──建造鐵製巨艦。這樣的一艘大船，長十二間（約二十二公尺）、寬七間（約十三公尺），以鐵板全面覆蓋。

一五七八年，信長吃下敗戰兩年後，這七艘鐵片覆蓋的戰艦自伊勢出港，信長水軍也再次於大坂灣挑戰毛利水軍。這一次，絲毫不怕焙烙與火箭的鐵製艦隊徹底壓制了毛利水軍，最後毛利水軍只能竄逃至瀨戶內海。石山本願寺頓失海上的補給路線，只好接受朝廷的和解斡旋。信長的和解條件為「交出石山」，本願寺接受了這個條件，然後將土地交給信長。

信長取得了大坂、上町台地，眼看就要一統天下，但四年後他竟退出戰國的舞台。

上町台地的後續故事無需贅述。豐臣秀吉在山崎之戰擊敗明智光秀，隔年又打敗柴田勝家，接著隨即在這塊土地上建造大坂城——秀吉繼承了信長執意到手的這塊土地，因為他一直跟在信長旁邊，深知他執著於上町台地的原因，也了解這塊土地在地形上的重要性。因此，自完工到陷落於大坂之陣這三十年間，座落於上町台地上的大坂城始終是德川家康苦惱的源頭。

孱弱的天才

信長平時的行為舉止讓人感受不到絲毫人望。對敵方來說也是如此，若他能更體恤自己手下的武將，想必能更快統一天下。再次檢視信長參與的眾多戰役，便會發現其實他不擅作戰。在打仗方面，秀吉、家康、利家、光秀等武將更為優秀，陷入苦戰時也擅於用計或以智謀取勝。

平時的信長雖為全軍大將，但在人格上他卻比不上身旁的武將。

然而，當陷入危急、四面楚歌，眼看戰事毫無勝算之時，信長就會突然變得魅力無窮。他總能想到無人用過的戰術與武器，並果敢執行。這時就是信長最閃亮耀眼的時刻。

信長生長於尾張地勢低平的濕地地帶，周圍全是強大的大名，無疑是戰國時代的弱者。如此孱弱的信長，就是那隻膽小的黑猩猩麥克。

正因為麥克如此弱小，所以他思考；正因為他弱小，所以採用全新的武器；正因為他弱小，所以才能打破既有的古老框架。於是，麥克一一收拾了強大的黑猩猩，信長也如出一轍。

「信長到底是弱還是強？」對於這個疑問，我的回答是：「正因信長弱小，所以才強大。」

信長的確是天才，能將弱者身陷逆境的現實轉化為創造動力。

就如同河合博士研究靈長類時所言，強者總趨於保守。保守的強者沒必要承擔嘗試新事物與前往未知世界冒險的風險。

正因為身為弱者，所以才會努力嘗試新事物並挑戰未知的世界。

在進入成熟社會的日本，能改革未來社會的絕不是那些保守、強大的大企業。只有弱小的新創公司，才能盡情嘗試新事物，並挑戰未知的世界。

第12章

日本人為何擅長於「小型化」？

——「縮小意識」之謎

「好可愛（卡哇依）」是日本人的口頭蟬。坐個電車也會聽到女學生「好可愛」地喊個不行。不只女學生，就連成年女性甚至男性，也都會脫口而出：「好可愛！」

當日本人遇到令人喜愛、討喜的事物，便會說出「好可愛」。通常會討喜並讓人想說出「好可愛」的事物，其實是「小巧」的事物。

日本人異常偏好小巧的事物。韓國文藝評論家李御寧出版於一九八二年的《「日本人的縮小意識》，闡述的便是日本人這種特別喜愛、執著於小巧事物的情感。

這本經典著作發行至今已逾二十年，這段期間我心中始終有個疑問。為何日本人這麼喜愛並執著於小巧的事物呢？

李御寧闡明了日本人的特徵，但也老實自承說：「我不知道理由為何。」

終於，這二十年來的疑問有解。在得知答案的那一瞬間，我不禁對著夜空喊道：「李老師，我知道原因了。」

答案就是：「日本的地形」。

七十八公里的健行大會

長野縣佐久市有一個名為「佐久市健行大會」的活動。此一健行大會從山梨縣韮崎市出發，一路走到長野縣佐久市，全程共七十八公里。晚間九點出發，一直走到第二天中午左右，持續步行逾十五個小時。

曾參加活動的朋友在和朋友聚餐時描述到健行時的痛苦體驗，實在相當有趣。無論出發前或健行中都不能進食，而且隨身行李以最小限度為佳，甚至不能戴耳機聽音樂；鞋子大小既不能太剛好也不能太鬆；旅途中一旦坐下來休息，就再也起不來了。到了隔天清晨太陽升起時，便要和不斷攀升的太陽比快，因此走得精疲力盡。但抵達終點時，眼淚真的會情不自禁地流下。

朋友所描述的情境，全都令我難以想像；但我特別在意其中一點，於是不禁再次問他，關於不能戴耳機聽音樂這件事。

禁帶 iPod

為何不能戴耳機聽音樂？就是因為走在漫長的夜路上，所以才需要帶上iPod等隨身聽，邊聽音樂邊走路，讓心情輕鬆些，不是嗎？

朋友一臉得意地說，這果然是沒走過的人才會有的疑問啊。「因為你會覺得iPod變得很重，甚至想把它丟掉，心煩不已。但怎麼可能丟掉這麼貴的東西，所以反而會覺得那是個痛苦與累贅。」他笑著回答。

不久後，大夥兒便轉移話題了。但我卻喝不下眼前的啤酒，只是呆坐著。長距離行走時，即使只是那麼小的iPod，也會感到沉重不堪嗎？

我在朋友說明的同時，突然解開了另一道謎題——那道二十年來始終埋藏於心底的謎題。聚餐結束、與眾人道別後，我獨自對著暗夜喊道：「我知道原因了！」這句話的對象，便是二十年來不停向我提問的李御寧。

日本人的縮小意識

至今我所閱讀的書籍不計其數，若要我舉出其中印象最深刻的十本，李御寧的《日本人的縮小意識》絕對榜上有名。

一九八二年此書首刷出版，當時正值日本經濟高度成長的時期，也是大步邁向經濟大國之際。當時任職於梨花女子大學的李御寧教授出版此書，為日本人帶來了些許衝擊。每間報章雜誌都刊登了書評，山本七平更對此稱頌不已。

首先，這本書的開頭就讓人驚訝連連。他開門見山地否定《「撒嬌」的構造》的作者土居健郎和歷史學家樋口清之，還有日本文明論權威梅棹忠夫等具代表性的日本知識份子。土居健郎主張的「撒嬌」，其實並非日本獨有，韓國有更深入的「撒嬌」機制影響著人們的精神構造；樋口清之所言的食用海藻也非日本獨有的習慣，韓國、中國也有類似的習俗；梅棹忠夫闡述把人類排泄物用作有機肥料之舉，也非日本所獨有，韓國、中國也都有這樣的有機肥料。

日本人撰寫的日本人論或日本文明論，常與歐美做比較。但若要考察日本文明或日本人，光是與歐美比較還不夠，與相鄰的韓國、中國比較也相當重要。

與中國人與韓國人比較之後仍顯得不同的特徵，才真的是日本獨有的特徵。

那麼，日本人獨有、不同於中國人與韓國人的特徵究竟為何？

答案是，日本人喜歡「縮減」任何事物。這種偏好與中國、韓國南轅北轍。

李御寧這本書並不是要批判日本或日本人，而是聚焦於至今沒有人提過的，日本人「縮減」的性格；他想傳遞的訊息是：「日本人縮減的性向，才是最能獲得世界各地人們的共鳴。」

雖然這本名著難以三言二語解釋清楚，但我還是斗膽稍微介紹。

縮減的日本人

李御寧表示，日本人真的很喜歡精細的手工，也很喜歡縮減事物。從歐亞大陸傳入的圓扇，不知不覺被縮減成折扇，然後再反向出口，傳到全世界。大正時代自西方傳入的長柄傘也被改造成小型短柄折傘，同樣也反向出口到全世界。日本更製造出全世界最小的摩托車，而放在室內的收音機也被縮小成能邊走邊聽的隨身聽。美國製造出大型電腦，日本人則將大型電腦改造成能放在個人書桌上使用的桌上型電腦。

把縮小後的大自然置於庭園中的日本庭園，把巨大的樹木縮小成盆栽，只有四個半榻榻米大小的茶室、把餐桌上的料理縮小成飯盒內的幕之內便當，把米飯縮小成飯糰、把詩詞縮短為只能有十七字的俳句等，日本縮減的例子不勝枚舉，怎麼列也列不完。

不斷縮減物體、縮小姿態的日本人，展現出與中國人、韓國人截然不同的性格。

現在（書籍出版時為一九八〇年代）的日本人，忘記了縮小的姿態，一心想朝著經濟大國邁進，同時不斷膨脹。持續膨脹的日本人雖獲得物質上的滿足，但膨脹並不符合日本人的本質，因此他們的內心依然感到空虛與無法滿足。

正因為縮減事物的文化，日本人才贏得全世界的認同與支持。

以上便是李御寧的主張。

我依然記得，二十年前閱讀這本書的情境。

讀完後，「為什麼」的疑問強烈地自我腦中浮現。

為何要縮減？

日本人為何要縮減事物到這種程度？

《日本人的縮小意識》中並無記述這題的答案，不過在後記中，李御寧寫下相當令人玩味的內容。

「就算不知道水源在何處，河川依然會從我們眼前流過。」「為何事情會變成這樣？與其挖掘原因與批評前因後果，不如聚焦於它呈現在我們眼前的姿態，期望各位能就當前的現象開展深思的視角。」李御寧引用了書中內容，在後記中再次強調道。

我總覺得這段話是他解不開「日本人為何要縮減一切」之謎的藉口。如果李御寧真能闡明日本人縮小意識的原因與理由，他一定會寫在書裡。

然而，李御寧並不明白「日本人為何要縮減一切」的理由。雖然不知道原因，但日本人就是喜歡縮減一切，這也正是日本人不同於其他民族的特徵。

李御寧在後記中坦率表明「我不知道為什麼」，這點讓我相當感動。同時，「為何日本人這麼喜歡縮減一切」的謎題也盤踞在心。

行走的旅人

行走逾十五小時的七十八公里健行大會，就連iPod也讓人覺得沉重。這簡單易懂的比喻，讓我頓時理解到長距離行走的痛苦。

以往人們總是扛著沉重的行囊從早走到晚，這些人在想什麼？當然一定是「如何把行囊縮小和變輕」。

他們理所當然不會攜帶任何多餘的事物；至於不得不帶的必需品，也一定會拚命思考，如何將其縮減，即使減小一公厘、減輕一公克也好。同樣的移動距離，若是讓牛、馬來搬運行囊，人們就不會思考這些縮減的方法了。只有必須靠自己的肩膀扛行囊、靠自己的雙腳長時間行走的人，才會思考這樣的問題。

以自己的雙肩扛起行囊，並以雙腳持續步行的，就是日本人。

日本人會養成縮減事物的性格，其實是必然的結果。

圖①「東海道五十三次」《日本橋・朝之景》（歌川廣重）

出處：日本國會圖書館數位化資料

走遍日本列島

三千年前，日本人開始在狹窄的沖積平原上種稻。平原雖肥沃，卻是排水不良的濕地。漫長的歲月裡，人們始終緊貼這塊沖積平原，在其上種稻以維持生計。

日本人的生活圍繞著山，看不見遠方的風景。在狹窄的土地上，日本人因此格外喜歡收集資訊與旅行。只要能找到理由，便出發旅行。

日本人出發旅行，必須跨越山林、橫渡海峽，跨越河川、行走於濕地。即使想利用馬匹與牛隻，日本列島的地形也不允許。最後，日本人只能自己背著行囊，以自己的雙腳走出去。

圖①是廣重「東海道五十三次」的第一

幅畫作，描繪的是清晨時光大名隊伍行經日本橋的景象。也許他們正打算從江戶返回幾百公里遠的領地，而走在前頭、步兵扛著的行囊中，想必裝著大人的物品、衣物及帶回家鄉的伴手禮、文件等東西吧。在此大名隊伍中，看不到搬運行囊的牛車或馬車，所有的行李都由步兵扛在肩上。每天他們都擔負重物、持續行走。

圖②的畫作描繪的則是行經江戶增上寺的旅人百態。無論男女，都背負著自己的行囊。他們也是大清早就出發，一直行走到日落。

圖③是「東海道五十三次」的《鳴海・名物有松絞》，畫中一樣可見徒步旅行的女性。日本人扛著自己的行囊徒步旅行，並非開始於江戶時代；早在一千年前，日本列島的居民就不斷來回行走了。

相較於日本人，歐亞大陸的居民都利用車子在大陸上來移動。拿出蒙古帝國的繪畫，也可見馬匹與牛車奔馳於大地上。不只蒙古帝國，歐亞大陸上的羅馬帝國、中國的大秦帝國（秦朝）、伊斯蘭帝國的人也都利用馬車、牛車搬運行李，然後極速奔馳於大陸上。只有日本人全靠著自己背負行囊，徒步旅行。

圖② 「名所江戸百景」《江戸百景余興芝神明增上寺》（歌川廣重）

出處：日本國會圖書館數位化資料

圖③「東海道五十三次」《鳴海・名物有松絞》（歌川廣重）

出處：日本國會圖書館數位化資料

縮減的樂趣

不斷行走，好不容易來到住宿地點的旅人齊聚一堂，開始交換資訊，討論如何才能把行囊變得更輕更小。透過不斷腦力激盪，人們彼此競爭，無不費心想出讓行囊變輕的方法。如此的腦力激盪從旅行前、旅途中甚至旅行結束後仍繼續下去，因為只有縮小物品，才是幫助自己的唯一法門。

同旅館的旅人也會大大讚揚找到縮小行囊方法的旅人，使其在一夜之間成為眾人的英雄。然後這個縮小物品的方法會在一瞬間傳遍日本。

然而，歷史上卻沒有記錄這些發現縮小妙方並成為英雄的人。因為這些智慧屬於全體庶民，所有自扛行囊並以自己雙腳行走的旅人。

對徒步行走的日本人來說，縮減物品與減輕重量具有不可取代的重要價值。日文裡的「細工」，意為鑽研精細手工，把精華濃縮在小巧的事物裡；日本人批評不精細的物品為「不細工（譯註：日文中醜陋、難看之意）」，並鄙視無法好好把所需物品塞入行囊並整理好的人，稱他們為「無聊的傢伙（譯註：無聊日文寫作詰まらない，直譯為沒塞好、整理好之意）」。

自己的行囊自己扛、僅靠雙腳徒步行走的日本人，孕育出此一「縮減」的意識，並不斷激勵旅人的精神，進而影響了日本人的美感。

就這樣，日本人縮小意識的謎題解開了。

一個民族共享的性格，形成的原因沒那麼複雜，而是如此單純。日本人縮減的謎底，果然還是藏在日本列島的地形與氣象中。

拯救未來的日本人

二十一世紀全球環境面臨劇變之際，能源與資源都相繼枯竭。未來的世界勢必要建構出能源最小化且能永續發展的社會。

要建構這樣的社會，光靠人的倫理道德肯定不夠。因為倫理、道德只能在有限的共同體中發揮功能。

現在面臨的是全球性的危機。地球上有無數的共同體，若這些共同體紛紛拿出自己的倫理道德解釋當前面臨的局面，問題只會趨於複雜並走向迷途。

解決全球性環境與資源問題所亟需的，其實是距離倫理道德最遙遠的武器距離倫理道德最遙遠的武器就是「技術」。

日本人喜歡小巧的事物，口中總是說著「好可愛」。為了製造出可愛的事物而鑽研精細手工，並孕育出縮減的技術。此一縮減的技術，正是建造出能源最小化與永續社會的關鍵。

二十一世紀人類航海的羅盤，就是熱愛小巧事物的日本文明。因此日本人的航海羅盤，其實是再次以明確的視線凝視創造出日本文明的自己。

第13章

日本將棋為何可使用「持駒」？

——地形孕育出的奇妙遊戲

在世界上的棋類遊戲中，沒有像日本將棋那樣不可思議的。在將棋的規則中，贏得敵方的棋子後竟能將其用作自己的棋子。將棋界等各界對於日本將棋這種奇妙的規則始終爭論不休，就連身為旁觀者的我也不禁加入了這場爭論。因為我非常在意其中一點：「為何將棋的棋子是平面的呢？」

日本將棋最大的特徵在於：「只要取得對方的棋子，接下來就能將其用作持駒，當成自己的棋子來用。」這條規則之所以存在，是因為「棋子是平面的」，無論是誰，對這點都沒有異議。

因為每顆棋子扮演的角色都用漢字來表示，因此形狀才能全部一致，全都採用平面設計，並以尖尖的那一頭指出前進的方向。此外，棋子背面若寫上漢字，同一顆棋子就可以擁有不一樣的功能。因此到最後便演變成只要取得對方的棋子，就能將其用作自己棋子的規則。

將棋界的爭論完全跳過了「棋子為何是平面的」這點；但這正是將棋門外漢如我最在意的。「為何日本將棋的棋子是平面的？」

要找出這道謎題的解答，最終還是得回歸「日本的地形」。

星期天晚上，原本癱在客廳看電視的我突然間跳了起來。一瞬間，電視螢幕就在那麼短暫的一瞬間閃過一個畫面。我的臉簡直要貼到電視上。然而，那個畫面卻從此再也沒出現。

◇──坂上之雲

二〇〇九年十二月十二日星期天晚上，NHK播放了改編自司馬遼太郎作品的特別劇《坂上之雲》第一部第三集「國家鳴動」。

故事場景設在大清帝國（清朝）的船艦上。

至於故事的時間點，則落在瀰漫緊張感的日清戰爭（甲午戰爭）開戰三年前，也就是一八九一年（明治二十四年）。當時，大清帝國的丁提督正率領北洋艦隊巡視日本的港口。七月十四日，丁提督的旗艦「定遠」進入橫濱港，並邀請日本的大臣、陸海軍將校、新聞記者等五百人登艦參觀。下面的照片①便是「定遠」。

截至目前都是史實，不過接下來就是虛構的部分了。

日俄戰爭中的聯合艦隊司令官東鄉平八郎、負責作戰參謀的秋山真之，都是丁提督邀請的座上佳賓。

照片① 大清帝國的船艦「定遠」

照片提供：每日新聞社

東鄉平八郎隻身離開派對現場，自旗艦「定遠」的甲板走入艦艇內。秋山看到東鄉的身影後，也跟著一同進入艦艇內。

東鄉和秋山在裡頭看到大清帝國的士兵沒勁地躺倒在地、或享用著拉麵，有的則是在下棋。正當東鄉和秋山檢視著艦內的情況時，丁提督突然出現並詢問道：來者何人？劇情自此開始有所進展。

原本躺著的我忽然間跳了起來，因為我看到大清帝國士兵下棋的場景。

當然，那不是日本的將棋，而是中國的象棋。

賭博將棋

在棋盤上模擬戰爭的遊戲五花八門，像是歐洲的西洋棋、印度的恰圖蘭卡、泰國的泰國象棋、中國的象棋以及日本的將棋等。

棋類遊戲的起源眾說紛紜，近年來終於定調為誕生於西元前的印度，之後再傳到世界各地。

據說早期的棋類遊戲大都是取得對方的棋子，然後算成自己的點數，看誰贏得多誰就勝利。當然這個賭博的遊戲很快就在全世界賭博愛好者之間流傳。

傳播方法分為：陸路傳播說和海路傳播說兩種。陸路傳播說從棋盤及棋子體積的角度來思考，認為是藉由馬匹、駱駝搬運傳播到各地；海路傳播說則主張棋類遊戲是因為打發漫長的船上航海時間，才大受歡迎；相較之下，海路傳播說簡單易懂多了。從這樣的觀點來看，士兵為了打發時間而在大清帝國旗艦「定遠」上下象棋，是相當合理的景象。

隔天，我特別到書店購買了文春文庫出版的《坂上之雲（一）》。三十年前，我曾讀過這部小說，但細節已記不清楚了。看完電視劇後，我很想知道司馬遼太郎在書中是否真的如此詳述大清帝國船艦上的景象。然而，在司馬遼太郎的原著中只提到丁提督招待各界人士前往船艦參觀，卻沒有任何關於船艦內部的著墨。

電視劇《坂上之雲》的編劇可能想藉由艦上士兵沒勁地下象棋、賭博等畫面，表現出大清帝國軍隊低迷的士氣吧。

這部久違的好劇本令我深深感動，還進一步激勵我，再次面對起長久以來埋藏心中的疑問——「日本將棋棋子的誕生」之謎，於是我打開了電腦。

不可思議的日本將棋

當今全世界大約有一百種棋類遊戲，按類型比例來看，大概是九十九比一。其中百分之九十九都是世界共通的「西洋棋」類型，剩下的「一種」則是孤立的「日本將棋」。直到二十一世紀，依然只有日本將棋的規則特立獨行，迥異於世界共通的西洋棋。這項「取得敵方棋子後，便能當成自己的棋子來用」的持駒規則，就是日本將棋特有的玩法。放眼世界各地的棋類遊戲，除了日本之外都沒有這樣的規則。

喝酒聚餐時，人們大都半會開玩笑地說，日本將棋之所以有這條規則，是因為「日本人一旦投降，就會馬上倒戈到敵方的陣營」。但綜觀世界戰爭史就會發現，投降後加入敵方陣營、與敵方沆瀣一氣，並反過來對抗原本的陣營，根本就是家常便飯，並非日本獨有的現象。

日本將棋特有的「使用持駒」之謎，就這樣乏人問津地被放置到二十一世紀。

挑戰這個「使用持駒」之謎的人，是木村義德九段（譯註：日本將棋的段級封號）。

一九九六年起，他在《將棋世界》上連載「二千年將棋史」後，追加、修訂了內容，二〇〇一年，日本將棋連盟將其出版為《持駒使用之謎》一書。

我邂逅了這本書，不但藉此學到將棋的歷史，還解開了日本將棋之謎。

西洋棋的傳播與日本將棋的誕生

木村義德九段是已故十四世名人（譯註：日本將棋棋手封號）木村義雄的三男，他在就讀早稻田大學時就已是學生名人與業餘名人，並在二〇〇〇年取得九段段位，而且曾任關西將棋博物館館長。

木村名人不但是一位專業棋士，也是深具文采與涵養的文化人士。他根據史實聚焦於各國棋類遊戲中棋子的運用、強弱與類比，然後就世界的西洋棋與日本將旗進行歷史解釋，這是一般人模仿不來，只有專業棋士才辦得到的書寫角度。

木村義德的這本《持駒使用之謎》多依照時序記述，運用了大量篇幅來解說棋子在這之中扮演的角色。他在書中也提到了與《將棋的棋子為何是四十個？》（集英社文庫，二〇〇〇年）作者增川宏一的爭論，但大都是將棋門外漢難以理解的內容。

接下來，我將以圖①來說明木村義德的主張，世界西洋棋的傳播與日本將棋誕生時期的見解。

◇——木村九段之說——傳播與進化

西元前三世紀左右，印度棋盤上的戰爭遊戲恰圖蘭卡問世。當時，棋盤上的「棋子」是以「顏色」來區分敵我。

接著，恰圖蘭卡自印度傳向東南亞、中國與日本，並西傳至阿拉伯與歐洲等地。傳到日本時正值六世紀，人們也稱此世界最初的傳播進程為「第一波」。

之後，泰國的泰國象棋被視為恰圖蘭卡中的改良版，改變的要點在於「步駒變」。反轉棋子稱為「變」，但立體的棋子無法反轉，因此只能將步駒改為平面的棋子。泰國這項改良也傳入中國與日本，名為「泰國改良潮」。

照片②是現在的泰國象棋，全部的棋子都是立體的，只有步駒為平面的。

地處遠東的日本，受到第一波與泰國改良潮的影響，展開了其獨特的將棋進化。

將棋傳入日本後，很快就在六至七世紀「從立體棋變成平面棋」。原本以立體造型呈現的王、軍馬、步兵等都改以漢字呈現。另外，此後也不再以顏色區分敵我，而是將棋子做成五角形，尖端的指向就代表前進的方向。

照片③為西洋棋的立體棋，照片④則為日本將棋的棋子，以五角形的木片製成，上面寫著漢字。

在「平面」的棋上寫上「漢字」，敵我區分不靠顏色，靠的是「五角形的方向」，這些都是針對日本將棋所進行的改良，而這些棋具上的改良也孕育出日本將棋獨特的「使用持駒」規則。

照片② 泰國象棋

照片③ 西洋棋的棋子

照片④ 將棋的棋子

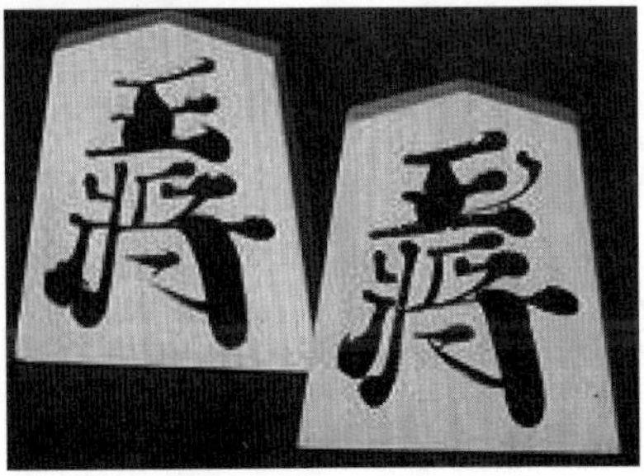

出處：竹村・大崎根據木村義德九段《持駒使用之謎》（日本將棋連盟）中的圖片繪製

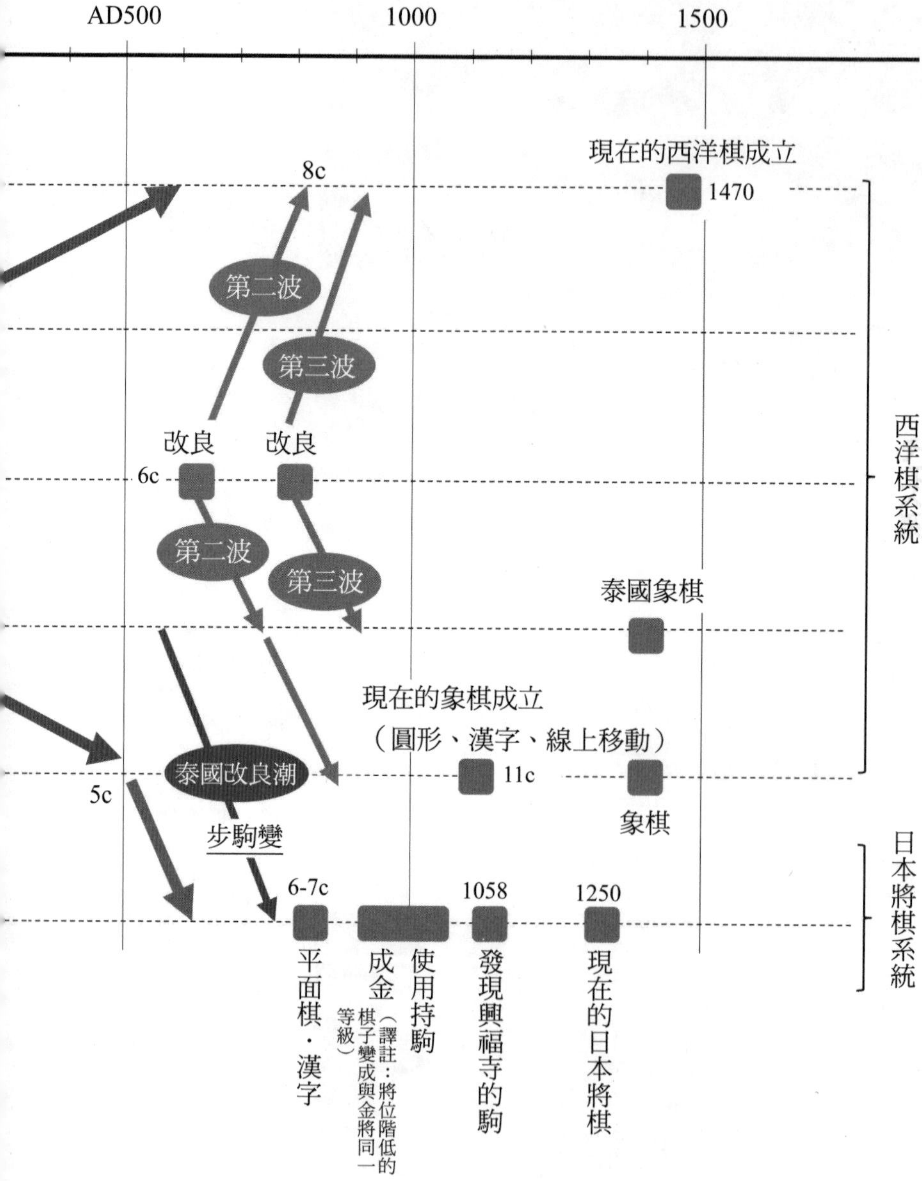

圖① 世界棋類與將棋的歷史

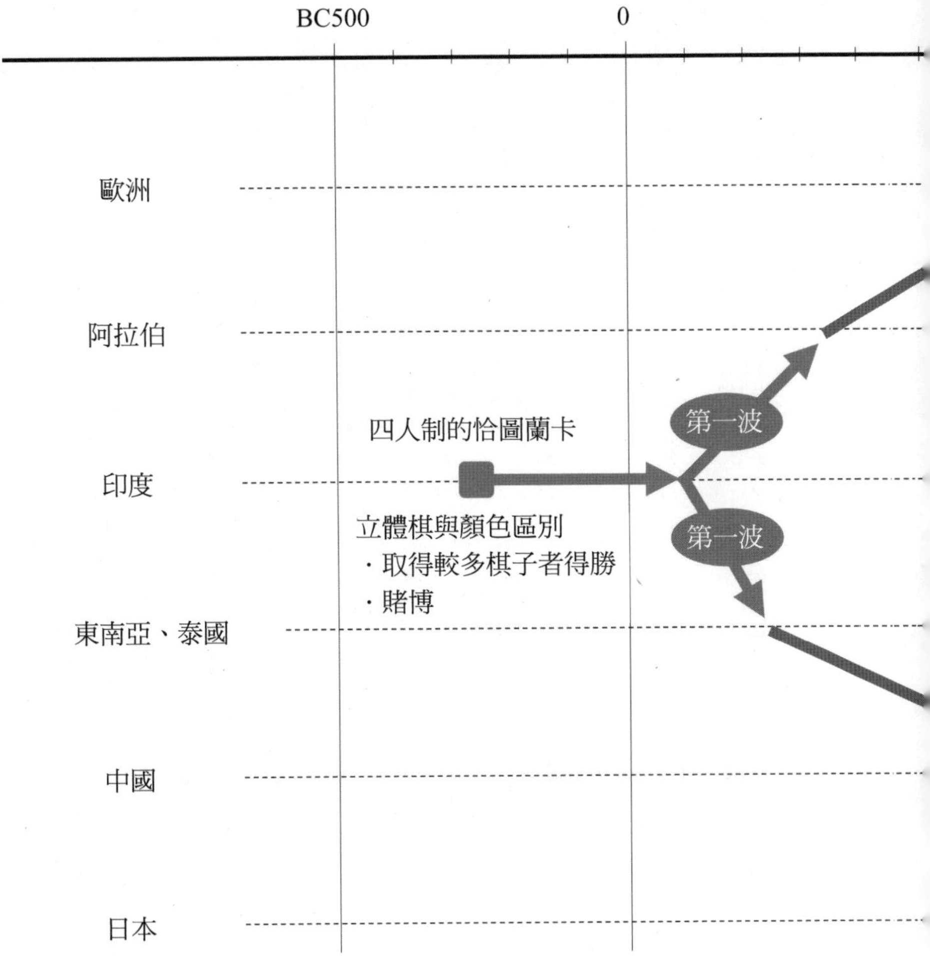

第一波：①立體棋、以顏色區分
泰國改良潮：①僅步駒為平面木片
②步駒變

第二波：強化棋子
日本將棋：①棋子皆為平面
②多種駒都可用來變化
③使用持駒

日本將棋棋具的改良，攸關日本將棋規則的進化。

棋具並非因為規則進化才跟著改變，而是因為棋具改變了，規則才跟著變化。

以上便是木村義德歷史推論的主要內容。書中也詳述了將棋的規則、玩法及變遷，這裡礙於篇幅不再贅述。

木村義德的推論合情合理，也清楚明瞭地整理、解釋了完成獨特進化的日本將棋。然而，我最在意的那道謎題卻依然模糊不清。

那就是：「為何立體棋會變成平面棋？」。

日本將棋的進化，全都自棋子從「立體棋」變為「平面棋」後才真正開始。因此首先必須闡明：「為何立體棋會轉變成平面棋？」的問題才行。

木村義德也在書中提過這道謎題。不過他只提到：「日本只是邊陲地帶的後起之國，還有不少人運用木簡，因此平面最適合木材了。」至於其他部分，木村義德總是多方延展，並就此展開豐富的論述，唯獨這個部分沒有具體的說明，只以簡單幾行字斷言並作結。

為何就這樣變成了平面？

「規則改變，並非因為棋具的進化；相反地，棋具的改變促進規則的演變。」木村義德提出的這點實在敏銳，可謂直搗「文化」本質的言論。

立體棋為何變成平面棋？這道謎題的答案並不在將棋的世界裡。答案不在狹隘的將棋世界，而是蘊含於整體日本人之中。因此，這道謎題要從日本人製造物品時的本性尋找問題的答案。

日本人製造物品時的本性就是「縮減」。

三十年前，韓國的李御寧寫下了名著《「日本人的縮小意識》，提出日本人無論做什麼都喜歡縮減。日本人將圓扇縮為折扇、將大自然縮成庭園，將長柄傘縮為短折傘，將收音機縮成隨身聽、拉麵縮成泡麵。不過，李御寧卻沒提到「日本人為何要縮減所有事物」的理由。

在李御寧提出此一觀點後二十年，我解開了日本人愛縮減事物的理由，並於前章詳述。解開謎題的契機就在廣重「東海道五十三次」的《日本橋．朝之景》。

背負行囊徒步行走的日本人

廣重的《日本橋．朝之景》描繪了一大清早往故鄉的方向出發的大名隊伍。在隊伍前方，步兵扛著沉重的行囊低頭默默行走。早在江戶以前，日本列島上的旅人都是扛著行囊徒步行走與移動了。

險峻的背脊山脈矗立於細長的日本列島中央，無數河流自山上流向太平洋和日本海。所謂的平原在繩文時代時仍沉在海底，之後藉由土石堆積，而形成濕地地帶的沖積平原。

日本人身處地形險峻的濕地地帶，並未鑽研車輛的發展，而是靠著雙腳行動。雖然有人乘船移動，但那只是例外的少數有錢人。

所有的日本人都一樣，只能扛著行囊徒步行走。仰賴雙腳移動的日本人擁有共同的價值觀，那就是「盡可能地縮小物品、減輕重量」。將物品變小變輕後，才能確實解救背負行囊的自己。

以精細手工縮小物品並收納各式各樣的東西，使得旅行用具個個都小而巧，而且能夠塞得剛剛好。照片⑤便是江戶時代的行李袋。像是剪刀、鉗子、針與筆等旅行必需品，全都收進小袋子裡。

日本人藐視沒經過精細手工製作（細工）的事物，稱之為「醜陋」（不細工），並形容沒收納好（詰め込まない）的事物為「無聊」（詰まらない）。縮減、收納已昇華為日本人的美感。

旅行必需品中也包含了遊戲。為了度過夜宿旅館的漫漫長夜，遊戲絕不可少。

六世紀時，棋類遊戲經由東南亞、中國傳入日本，這款鬥智的賭博遊戲馬上就贏得人類的喜愛。但有個困難之處——棋子的造型是立體的。日本人為了方便攜帶這些立體棋，展開了

照片⑤　江戶時代的旅行袋

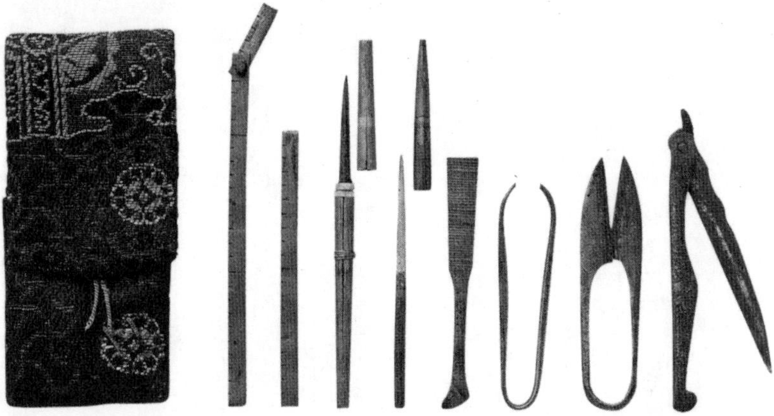

收藏：品川區立品川歷史館
出處：《東海道——江戶之旅　近代之旅》（公益財團法人東日本鐵道文化財團）

他們最擅長的進化過程——縮減與輕量化。

◇——屬於庶民的日本將棋物語

從泰國傳入的泰國象棋中，平面的「步兵」深深啟發了日本人，使其產生把所有棋子都做成平面的想法。接下來，再以漢字表示王、戰車、軍馬與步兵等各類棋子的功用。如此一來便能一口氣把將棋縮小。

到了這個階段，再把棋子改成五角形，並以棋子面對的方向區別敵我，就簡單多了。

木片製成的五角形平面棋子小而輕巧，甚至有人不用木片而用紙片來製作。於是，將棋成了日本庶民的旅行必需品，並傳遍全日本。

只要一有時間，好賭的庶民就會打開棋盤，取出薄薄的棋子玩上一局。

早期的將棋與西洋棋一樣，只要吃掉對方的棋子即可。因此棋局到了最後，棋盤上的棋子便會越來越少。棋子一旦變少，位階高的棋子就只能親自上陣，最後往往分不出勝負，或以平手作結。

不論是分不出勝負或以平手作結，都絕非賭博所能容許的結局。不經意看到棋盤邊累積了一堆自己吃下對方的棋子，便會發現，雖然那是對方的棋子，但形狀、顏色都和自己的一模一樣。想盡快分出勝負的旅人於是突發奇想：不如把吃下的棋子當成自己的，然後再用一次吧！

這就是使用持駒誕生的瞬間。

必然的日本將棋

再用一次對方的棋子，的確是相當有趣的想法。

畢竟持駒可在任何時候登場，直到終局，棋盤上仍然充滿了棋子，好不熱鬧。也因為持駒可以重複出場，所以無數攻擊的方法便發展了出來。自此，平手不再出現，很快酒能分出勝負，甚至不時出現逆轉勝、全壘打的場面。

世界各地的棋類遊戲到了終局時，棋子大都越來越少，最後默默結束。然而，日本將棋卻是在終局前最刺激、最華麗，這也是興奮的情緒趨於高點的時刻。

根據木村義德的說法，之後世界的棋類遊戲又展開第二、三波的改良，以加強棋子的運作方式。但日本將棋卻完全未受到這些改良風潮的影響。因為無論西洋棋系統的棋子再怎麼改良、增加與強化，都比不上日本將棋使用持駒時的刺激與興奮感。

於是，日本將棋創造出與世界棋類截然不同的體系。

自古就靠著雙腳行走的日本人，養成了縮減物品與輕量化的習性，因此也開始熱中縮減將棋。輕巧化的平面式將棋，又進化成能夠再次利用敵方棋子之複雜又刺激的遊戲。

日本將棋在日本發展成這樣的遊戲，絕非偶然。靠著雙腳走遍日本列島的庶民孕育出日本將棋，是必然的結果。

專業棋士木村義德解說了變身為平面，並可使用持駒之後的日本將棋。

我則是從日本地形的角度，試著解開日本將棋如何變輕變薄的謎題。接著從迥異於將棋的領域找出攸關日本將棋的謎底。

第14章

日本國旗的圖案為何是「太陽」？

——氣象決定性格

為何日本的國旗是「太陽」呢？

五、六十歲後，我開始抱持這樣的疑問。此前，日本國旗的圖案是太陽，就像日常生活中使用日文交談一樣自然，不會讓人產生任何疑慮。

我之所以在意起太陽，是因為發現世界上的國家大都以「星星」、「月亮」當作他們國旗的圖案。

經調查後發現，世界各國的國旗中，太陽派是極少數。比起「太陽」，全世界的人對「星星」、「月亮」似乎像更感到親近。我剛發現此一事實時，由衷感到難以置信。

對日本人來說，太陽是「老天爺」與生命的泉源，就連日本古代神話中的主神都是「天照大御神」，日本人對太陽的尊敬與親近感可見一斑。為何其他國家的人卻對太陽沒有類似情感？

某次，我詢問了國旗上是月亮與星星圖案的外國朋友。雖然不對其他國家的國旗做出失禮的評價與行止是一種國際禮儀，但我請他務必屏除顧忌，直率說出自己的想法，而他的回答也讓我大感意外。

國旗的樣貌，果然與該國的地理有著密不可分的關係。

十二月我首次前往菲律賓。那時，馬尼拉的氣溫依然超過三十度。即使在馬尼拉的街頭穿著襯衫行走，一旦進到大樓內就必須穿上外套，因為室內的冷氣都開得很強，據說這是稀鬆平常的常識。若只穿著襯衫在室內待上一小時就會開始覺得冷，然後很快就感冒了。

我在菲律賓時發現，菲律賓的國旗是以「太陽」和「星星」組成的（圖①）。同時運用太陽和星星將其作為國家的象徵，可謂相當獨特的國旗。

國旗

日本的國旗又稱為日章旗，是僅以太陽為標幟的單純設計。日本人對此「太陽」圖案的旗幟早已習以為常，不以為意。

然而，放眼世界其他國家的國旗，就會發現，「太陽」的圖案是極少數，「月亮與星星」則是最大宗。

為了得到實際的統計數字，我瀏覽了外務省（譯註：約等同於外交部）的網站，開始搜尋萬國旗。一百九十一個國家繽紛的國旗逐一出現在畫面上。在這些國家中，有五十三個國家以月亮和星星的圖案為國旗，佔了百分之二十八；相反地，圖案是太陽的國旗僅有十三國，佔了百分之七。此外，同時使用太陽和星星當作國旗圖案的只有菲律賓。

世界國旗圖案的大宗是「月亮和星星」。

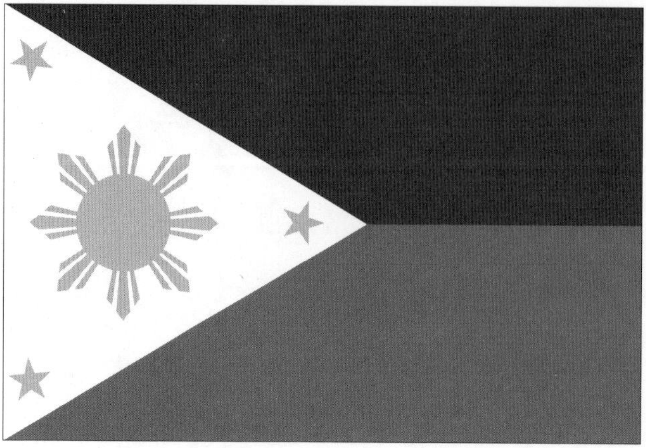

圖① 菲律賓國旗

將月亮、星星納入國旗設計的國家，以南亞、中近東、非洲、南美、太平洋群島的國家最多。其中日本人較熟悉的像是：新加坡、馬來西亞、敘利亞、土耳其、巴基斯坦、阿爾及利亞、喀麥隆、迦納、塞內加爾、委內瑞拉、巴西、馬紹爾群島等都包括在內。

為何不以明亮的太陽作為國家的象徵，而選擇了暗夜的月亮與星星呢？

以太陽為國旗圖案的日本人，總難以認同將月亮、星星等夜晚象徵作為國旗。

國旗是代表該國最重要的象徵，是將人民的國家認同視覺化的象徵。對該國來說，國旗圖案的意涵必然相當重要。

國旗勢必隱含了該國存續至今的重要意義。

在熱帶生活的原則

概覽了以月亮、星星為國旗的國家，我發現這些國家大都位於熱帶或亞熱帶地區。熱帶意指從北緯二十三度二十六分的北迴歸線至南緯二十三度二十六分的南迴歸線之間，也就是赤道周邊地帶；亞熱帶則介於熱帶與溫帶之間、緯度三十度左右的地區。在熱帶地區，夏天的太陽位於頭頂正上方，是一年當中與太陽距離最近的季節，其夏季的灼熱程度可想而知。

一九八四年，一整年我都待在美國路易斯安那州的新奧爾良生活。在那裡，北緯三十度約相當於日本屋久島的位置。

雖然同樣是北緯三十度，但季風地帶的屋久島因受到季風與喜馬拉雅山脈的影響，氣候相當獨特。當低氣壓逐次通過西高東低的氣壓時，便會形成一種夏季太陽不時被雲雨遮蔽的天氣型態。

相對地，新奧爾良就不是如此。不僅太陽從不被雲雨遮蔽，而且整整半年以上陽光都直射大地，在人們的頭頂灼熱地燃燒。我終於徹底感受到太陽惱人的嚴峻熱度。

光看溫度，日本的夏季同樣超過三十度，與新奧爾良無太大差異。然而，日本的熱指的通常是空氣中的悶熱感。在日本，常聽見人們將「今天好熱啊」當成問候語。那種熱指的是圍繞在身上、隨身體一起移動的熱空氣，所以才會不經意地將圍繞在身體周遭的熱氣當作話題來講。

不過，新奧爾良的人就不會把「今天好熱啊」當成問候語，他們根本不想說到天氣的話題。因為太陽就是熱的元兇、壓制人們的強大勁敵，越以此為話題，人們就越會意識到這名勁敵的存在，狂刷這名打不贏強敵的存在感實在沒意思。

新奧爾良人的問候語大都是「Big Easy！」意即「慢慢來！」——「都這麼熱了，別著急，慢慢來就好！」之意。

我也曾造訪赤道下方的印尼。僅僅十天，我馬上察覺到在印尼生活的訣竅——慢慢走。從車裡觀察街上印尼人的走路方式，馬上就會明白，他們走路都很慢。只要下了車，走在炙熱的道路上，你就會馬上明白。一開始我也像在日本一樣快步行走，結果不過十五分鐘，便馬上同化為印尼人緩慢前進的速度。

要在太陽燃燒於頭頂的熱帶生活，最大的原則就是「不急不徐」。

痛苦的勞動

一開始看到路易斯安那州人民的舉動，只覺得他們似乎人人都很悠哉。然而，實際跟他們共事以後不禁會想，他們是否都在偷懶呢？看來日本人迅速的步調與他們緩慢的動作不太合拍。

等到太陽下山、黑暗開始蔓延後，他們的動作便輕盈了起來，整座城鎮似乎都活過來了。在法國區的波旁街上，此一變身的舞台給人的感受格外鮮明。

當炙熱的太陽高高掛時，波旁街上的行人相當稀少，步伐也十分蹣跚，使得白天的波旁街就像一座死城，到了夜晚才會復活。入夜後，處處可見爵士樂演奏直到深夜，整條街人聲鼎沸，而且有許多人配合爵士樂的節奏，輕盈地踏著步伐。在太陽底下死氣沉沉的人們，都在夜晚找回了生氣。

就連在北緯三十度的美國南部，太陽都如此炙熱，更何況熱帶地區的太陽肯定有過之而無不及。無論是人類或動物，都無法戰勝炙熱的太陽。

在熱帶的太陽下採取激烈之舉或長時間勞動都相當危險，一不小心就可能中暑暈倒，嚴重者還可能危及性命。白天的勞動有害健康，因此必須非常小心，採取最小化的行動。

等太陽下山，月亮、星星統治世界後，活動時間才開始。這也是為何沙漠區的駱駝隊伍總在月夜下行進。

這麼說來，熱帶的傳統文化也大都以夜晚為背景，像是新奧爾良的爵士樂、印尼的皮影戲、卡恰舞或阿拉伯的天方夜譚，都是在夜晚孕育出的文化。

白天宛若死去般沉靜，夜晚則生氣蓬勃，「太陽是痛苦與死的象徵」，「月亮與星星是安穩與生氣的象徵」。

這就是為何熱帶國家的國旗大都以「月亮、星星」為象徵之故。

在國旗圖案是月亮、星星的熱帶國家的人眼中，日本人崇拜「太陽老天爺」之舉才令人難以置信吧。

我曾向埃及的朋友詢問他對日本國旗的看法。

個性好又有常識的朋友自然不會貶低別國的國旗，但我央求他率直地說出自己的想法。他有些為難地回答：「對我來說，日章旗給人的感受太熱了，讓人喘不過氣來。」

看來，對於熱帶國加的人來說，日章旗並非一面讓人愉快舒坦的旗子。

令人欣喜的勞動

日本位於北緯四十五度至二十五度之間的溫帶地區，是一南北狹長的列島。每年列島上都有長達三、四個月的冬季，冬季的太陽低垂且威力減弱。每逢冬天，人們就會引頸期盼春季的到來。

春天到來後，人們開始利用融化的雪水進行農作。在太陽光下閃耀的夏季稻米日復一日茁壯，必須趕在秋季颱風來襲前趕緊收成。在這有限的半年內，必須生產並儲蓄一整年份的糧食，否則就會挨餓。為此，日本人不得不勤勉工作。

勤勞工作得到的報酬不只是糧食，還有藉由日曬獲得的健康。白天在太陽下工作，入夜後在黑暗中安眠與消除疲勞。

一直以來，日本人都在太陽底下活動。除了勞動之外，繪畫、戲劇表演、茶道、花道、相撲、柔道與劍道等日本傳統文化也都孕育於太陽之下。

在太陽底下活動，是活著與健康的證明，也是生活的喜悅。逢年過節時，日本人總會向著日出的方向雙手合十，感謝上蒼讓自己健康地活著。

白天勞動一事，之於熱帶與溫帶之人的印象可謂天差地遠。熱帶的勞動「危險又痛苦」，溫帶的勞動則「健康又欣喜」。

與太陽的距離感

在溫帶，「勞動是欣喜之事」，但是以財富的儲蓄競爭來決定各自的優勢。「苦痛的勞動」相較於「欣喜的勞動」，自然是後者勝出。在任何領域，總是享受、愉悅的人勝出。欣喜之人才能維持耐力與持久。

近代工業革命後，能感受到勤奮勞動喜悅的溫帶地區席捲了全世界，這是相當合理的結果。最早形成近代工業國家的英國（北緯五十度至六十度）、法國（北緯四十三度至五十度）、德國（四十七度至五十五度）、美國北部（三十八度至五十度）、義大利（三十七度至四十五度）、日本（約三十五度），全都位於溫帶氣候，這絕非偶然。這些國家蘊含勤勉生活的必要條件，其國民也都樂於勞動。

這些先進國家在近代工業化之時得以成功，並非肇因於人種優秀、對勤勞有正面道德觀之類的因素。單純只是因為物理上，這些國家與太陽距離比較遠。

對地球上的生物來說，與太陽的距離感是絕對的生存條件。各地的生物為了順應物理環境，也發展出截然不同的生存方式。在這樣的自然法則下，人類的善惡、優劣完全沒有介入的餘地。不管接受與否，人類就是被居住地的氣象支配，再從氣象中組織出生存的法則，進而形成每一塊土地上的社會倫理。

人們肯定逃不過籠罩於生長土地上的氣象。日本就是氣象孕育出獨特人格的極端例子。所謂的日本人的「無原則性」。

令人目眩的日本氣象

圖②是日本與黎巴嫩的氣溫變化圖，內容為二〇〇一年夏天的日均溫。實線為日本，虛線為黎巴嫩。黎巴嫩的夏天約為二十三度至二十九度，維持在六度左右的變化幅度；日本則介在十七度至三十二度之間，變化幅度約為十五度上下。

黎巴嫩三個月的氣溫變化，可能只是日本二至三天內的變化。從黎巴嫩的角度來看，日本氣溫變化激烈，是一個相當忙碌的國家。

圖③則是日本與巴黎月平均雨量的比較圖。因為中近東地區幾乎不降雨，所以無從比較起，因此才選了歐洲中央地帶的巴黎來比較降雨量。

巴黎相較於日本，降雨幾乎沒什麼變化。但日本的降雨在一年之內卻千變萬化。一個月前、現在與一個月後都不一樣。以月平均雨量來看，變化已經相當劇烈了，但若以一週的幅度來看，變化則更加劇烈。

照片①為二〇〇〇年九月，日本中部的地方新聞報導。

這年九月十一日至十二日，東海地方遇上了歷史性的集中性豪大雨。僅僅一晚，大雨就奪走東海地方人民約六千億日圓的資產。

其實東海地方遭遇這場大雨襲擊前，就一直面臨著嚴重的缺水問題。攤開缺水與豪雨的報

圖② 日本與黎巴嫩的日均溫（2001年6月至8月）

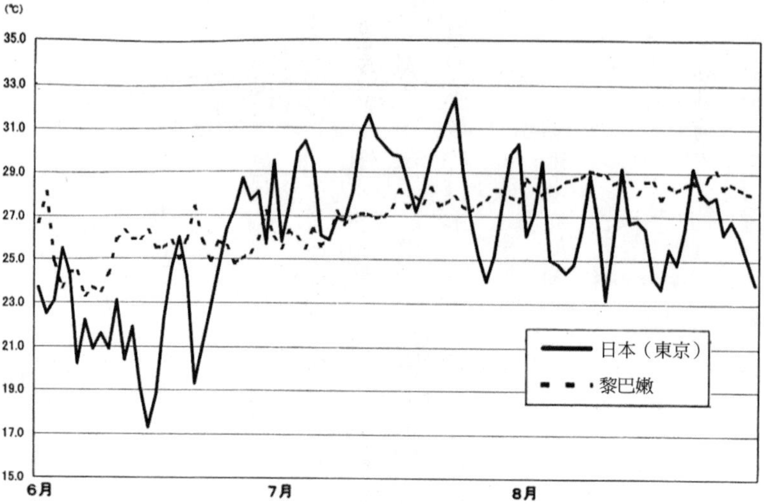

圖③ 東京與巴黎的月平均雨量（1997-2001）

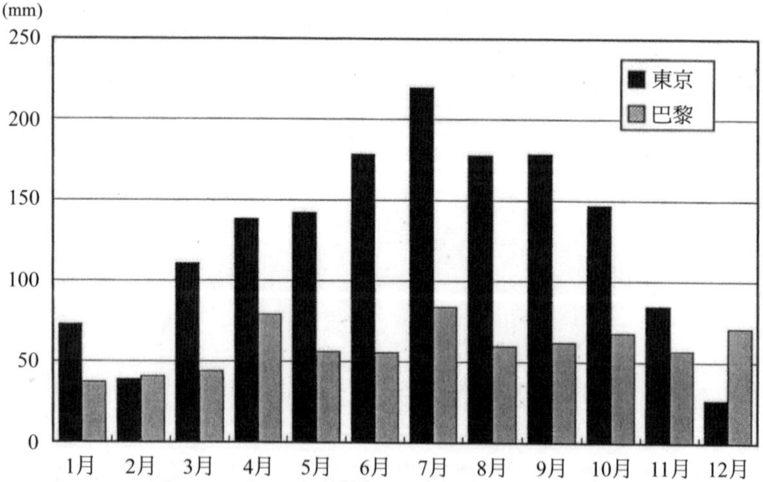

出處：根據《世界每日統計值表》（氣象廳）由河川局河川計劃課繪製

照片①

中日新聞　平成12年9月7日(木)

東海　カラカラ止まらない！

岩屋ダムも節水

東海地方の水源状況

岐阜新聞　平成12年9月12日(火)

東海37万人に避難勧告

豪雨禍、4人死亡2人不明

浸水2万7000戸

名古屋で堤防決壊

上矢作町で住民孤立

東濃、土砂崩れ相次ぐ

県内1人不明

導則會發現，兩者的日期只差五天。

日本的氣溫與降雨總是持續動盪。日本氣象的變化從不休止。日本人也始終於在千變萬化的氣象中生存著，若不拚命跟上這動盪的氣象，就無法在這座列島上存活下來。

沒道理的日本列島

全世界百分之二十的大地震及百分之十的活火山都在日本。

圖④是根據《理科年表》而統計出過去四百年來的大地震、海嘯及其死亡人數。因為地震實在太多，在此只標出死亡人數逾千人的大地震。

日本在每個世紀平均都會遇上五至十次死亡人數逾千人的地震。也就是說，平均每十

出處：根據《理科年表》（2001）繪製

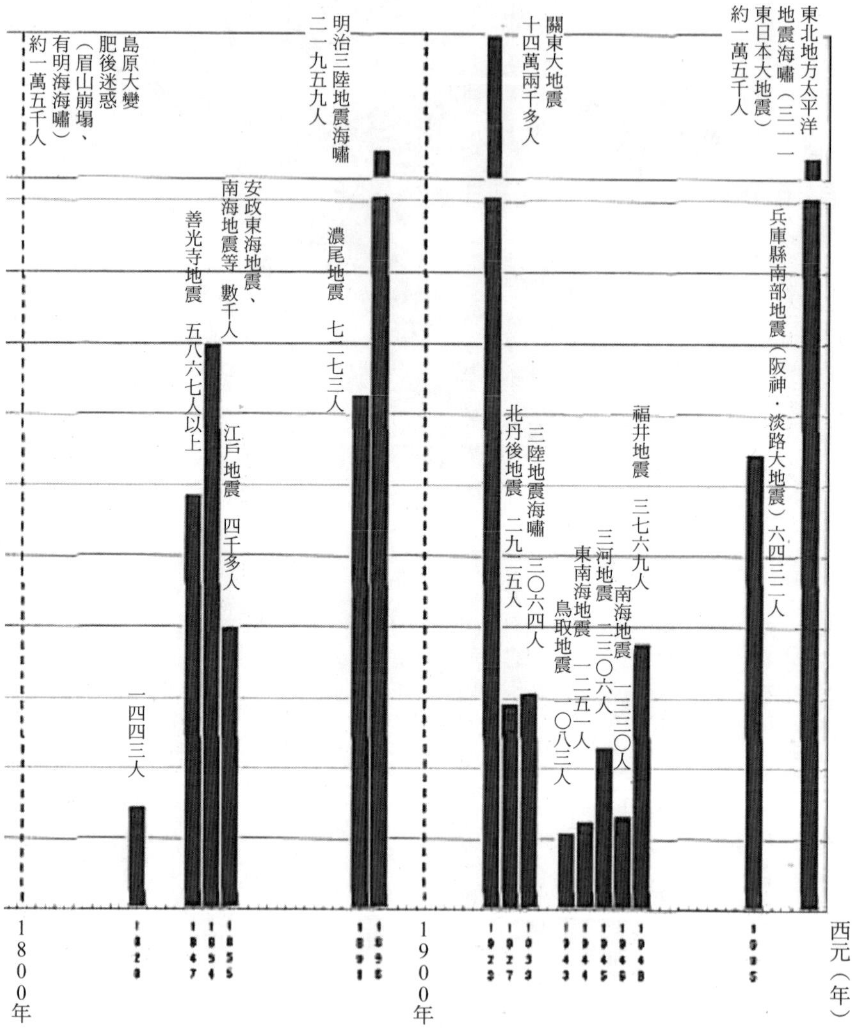

圖④ 死亡人數逾千人的主要地震・海嘯（1600年以後）

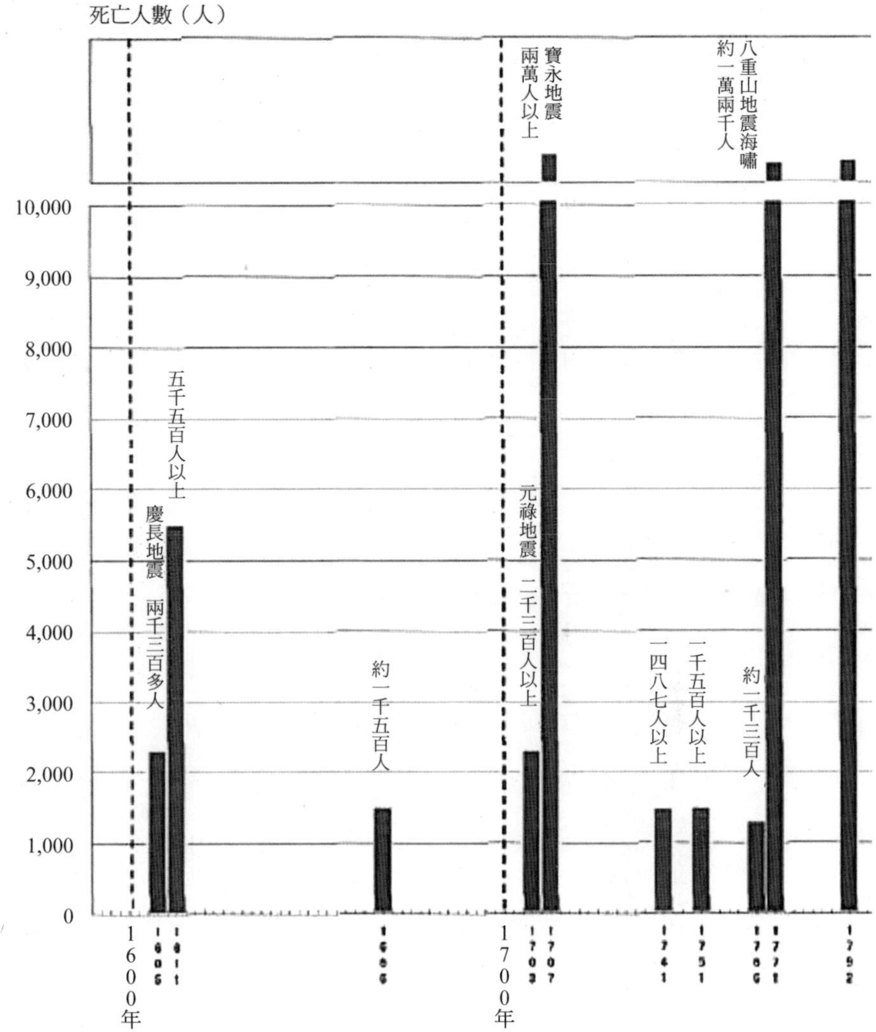

年至二十年，就會有眾多日本人遭到死亡突襲。

沒有任何徵兆、理由與說明，地震就突然發生了，犧牲了許多寶貴的性命。數千年來，日本人始終承受著這種沒道理的死亡。

無論未來再怎麼預防、做好多完善的防災計劃，依然沒人相信能預防這樣的災害。日本列島的自然暴力就是這般強大，人類就是如此無力。

日本人只能接受這樣的自然現象——接受激烈變化的氣象與沒道理的地震。大自然才是主角，人們只能配合大自然的步調生存下去。

日本人生活在大自然壓倒性的強大支配下，即使抱持什麼理念性的原則，也會立刻遭到大自然強大力量的訕笑。理念性的原理、原則是人類動腦之後的產物。人腦所思考的原則若牴觸大自然的力量，馬上就會被輕易推翻。在日本列島上，大自然的脾氣始終陰晴不定，人們也只能配合大自然，不斷因應與改變。

「日本人並不抱持什麼原則。日本人唯一的原則就是『沒有原則』」。

許多知識份子都提出了日本人的無原則性。這點確實如此，讓人根本無從反駁。然而只要換個角度去想便會發現，這正是日本人得以生存在任性大自然之下的強韌祕密。

對日本人來說，「無原則性」正是不可或缺的生存要素。

「永恆」

天主教、猶太教與伊斯蘭教根植於西歐文明與伊斯蘭文明之中，是支撐整個文化的宗教。這三種宗教信仰都是「一神信仰」。

一神信仰的原點猶太教，是誕生於沙漠中的宗教。

放眼望去，沙漠是一片荒蕪的不毛之地，入夜後只能看到月亮與星星，沒有人和其他事物。在這裡所感受到的，就是「永恆、無限與絕對的神」。

「無論何時都不會改變的『永恆』」與「一望無際、沒有盡頭的『無限』」，以及「絕不會犯錯的『絕對』」，就是一神信仰中絕對之神的三項條件。

第一項條件「永恆」，意指時間的概念。

乾燥地帶的沙漠，無論昨天或今天的樣貌都不會改變。應該說，無論數十年前、數百年前或數百年後都不會變。在毫無變化的沙漠裡，時間宛若靜止一般。

在時間靜止、毫無變化的沙漠中，「永恆」的時間概念孕育而出。

氣象與大自然分秒都在變化，而繁忙不已的日本自然孕育不出「永恆時間」的觀念。

日本存在著無數的細菌與細胞，所有現存的事物都會因這些細菌而產生變化並腐朽。日本沒有不變化或不變質的事物。存在之物終究會變，在最後腐朽而逝。

日本人將不斷改變的事物視為「不尋常的事物」，也就是所謂的「無常」。季節時時刻刻都在改變，事物也隨之變質腐朽；在這樣的環境下，日本人體會的是「無常」，而非「永恆」的概念。

「無限」與「絕對」

在神之三條件中，「無限」是空間的概念。

太陽西沉後，在黑暗的沙漠中只能仰賴星星旅行。映入旅人眼簾的，除了滿天無數星斗，別無他物，滿是星星的宇宙遼闊無盡。生活在無邊無際的星空下，人們真切感受到宇宙的浩渺，因此孕育出無盡且浩大的「無限」概念。

相反地，日本人生活的列島細而長，而且被海峽與山脈阻隔。聚落彼此間盡是海洋、山巒、河川與濕地，能用的土地少之又少。此外，於此狹小的土地放眼望去，周遭盡是物種豐富的生態體系與複雜的景致。

日本人絕對不會像沙漠子民那樣，入夜後才踏上旅程。就算偶爾抬頭看看星空，視線也會被山稜、樹木擋住。對日本人來說，星空絕非能夠感受無限的景致。

在日本列島上，所能深刻感受到的是「有限」，所以無法孕育出「無限」的概念。

神之三條件的最後一項「絕對」，是個相當麻煩的概念。

聽過作家曾野綾子的解釋後，我才終於理解「絕對」的概念。

曾野綾子曾在中近東地區的沙漠上露營，她說：「什麼都沒有，這就是絕對。」我才終於懂了。

比如說，這裡存在著某樣事物，是個相當精美的貴重茶碗。然而，無論這個茶碗再怎麼精緻，顏色再怎麼鮮艷好看，它都絕非完美。它一定有缺點，也一定能找到比它更優秀的茶碗。因此，無論再怎麼美好的茶碗，也不會是絕對。

然而，沙漠中什麼都沒有。既然如此，也就沒有可供批判之處。所謂無可批判的完美。因為這種什麼都沒有的完美不會出錯，因而可謂「絕對」。正因為沙漠中什麼都沒有，人們才感受得到「絕對」。

日本列島上什麼都有。但存在之物全都免不了變質與腐朽，而且全都不是完美之物。其自存在的那一刻起，便背負了不完美的宿命。日本人凝視這份終將腐朽的不完美，而創造出著重事物悲哀與寂寥的獨特世界觀。總之，日本人孕育不出完美、不會出錯的「絕對」概念。

在一神信仰中，神的三項條件「永恆」、「無限」與「絕對」誕生於沒有任何變化與存在的沙漠。更正確的說法是，這樣的概念肇生於生活在沒有變化與存在的沙漠子民的腦袋中。

沙漠子民不會被大自然背叛。沙漠中的氣溫不會天天劇變，不會有雨水，也不會有沒道理又凶暴的地震。沙漠的時間是靜止的，在那裡，萬事萬物不會改變與變質。因此，神之三大條件便在如此大自然之下自然地形成了。

氣象創造出來的文明

住在溫帶地區的日本人活力十足、勤奮勞動的行為模式，是為了因應快速變化的四季。就像熱帶地區的居民不急不徐、行動緩慢地工作，也是為了在炎熱太陽直射的環境下生存下去。

這絕不是因為日本人道德優越、個性勤勉；也絕非熱帶居民懶惰不做事。

誕生於荒蕪沙漠中的天主教及天主教孕育出來的西歐文明，所建構的是重視理念性原則與規範的社會。

相對於此，在氣溫多變、不時遇到豪雨及大地震的日本列島上，人們不抱任何原則，在此規則不明說的文化裡，一個通融無礙的社會形成了。

地球人各以截然不同的生活與行為模式生活著，而這些多元的生存之道並無優劣之分，也沒有能衡量其好壞的判準。

人們生活的土地與氣象，形塑了其性格與生活方式。也許人們會誤以為是自己的力量做出了決擇，但事實上是土地的自然條件讓人們做出選擇。

美國尼克森總統在任時的國務卿季辛吉（Henry Alfred Kissinger）說過一句名言：「要了解一個國家，就必需先了解該國的氣象與地理。」

日本的國旗設計只有一顆太陽。這面國旗相當精準地象徵了日本的文明。沒有一個國家的國旗可以如此鮮明地凸顯出一個國家的性格。

從國中到高中，我在天主教學校度過了六年的學生生活。

學校每週都會有一堂教授天主教教義的課程。我對天主教及教授該課程的神父都抱持很深的親近與信任感。然而對於教義中所謂神的三大條件，卻始終無法全盤理解與接受。此後的人生，我也遺忘了這三大條件，直到某天才又不經意地想起。

剛從小學畢業、剃著平頭的小孩，心中相當感謝教育自己成人的神父，但卻始終無法相信所謂神的三條件。這份歉意一直沉澱在心底。也許正因為如此，我才會在自己都不曾意識到的情況下，開始從氣象中尋求對神的三條件的理解。

來到人生最終章後，我終於理解箇中緣由，並消除了心中的疙瘩。但同時又像失去了某個重要的回憶般地感到惆悵。

第15章

日本人為何總覺得「好浪費」？

——丟棄與不丟棄的人

記憶中，小時候母親總會斥責我：「別浪費。」直到自己為人父母，也一樣對著自己的孩子說：「別浪費。」直到現在，要是刷牙時水龍頭沒關上，妻子也會斥責我說：「太浪費了。」

相信不只我家如此。在日本人的日常對話中，不時會聽見這句「好浪費」。如此珍惜資源的話語獲得不少外國人贊同，更有人想把這句道德崇高的話語推廣為全世界的共通語言。

為何日本人會如此頻繁地說出「好浪費」呢？是因為日本人道德感與倫理觀崇高，才把「好浪費」掛在嘴上嗎？還是單純只是因為日本人很小氣？

日本人對這句話的執著近似於強迫症，但為何會如此呢？這隱約埋藏於心底的疑問，直到有一天在埃及撞見某個光景時，才又一口氣浮現。原來這也算得上一句肇生於日本列島地理、地形與經年累積歷史中的口頭禪。

開羅中央車站的廢棄物

我受邀參加一場舉辦於埃及開羅的國際基礎建設商業會議。這是我首次造訪埃及。在從開羅機場乘車前往市區的高速公路上，沿路的廣告看板與日本如出一轍；自遠處便可見到在開羅市區閃爍的霓虹燈，讓人忘卻自己正置身於非洲。進入市區時，剛好是下班的交通尖峰時段，路上處處塞車。此處市區道路上的交通號誌不多，但人們都自在地穿梭於車陣中。這種人車之間的絕妙距離，是日本人絕對模仿不來的技巧。

車子越接近開羅市中心的車站，交通堵塞越嚴重。當時我正因為旅途漫長而疲憊不已，因此把頭靠在車窗上，眺望著窗外的景致。然而，突然映入眼簾中的景致，卻讓我不禁呼喊道：「啊，這是怎麼一回事啊！」

座落於馬路旁的中央車站內，破舊不堪的列車就這樣被擱在一旁。堆滿厚厚灰塵的列車，不僅車門大開，車窗也破了，顯見它在這裡好多年。若是鄉下的小車站就算了，但這裡是開羅的中央車站；怎會如此將廢棄的列車大剌剌地擱置於此呢？

這令我不可置信的光景，對於來來往往的開羅人來說，是習以為常的日常，既無人佇足，而且毫不以為意地快速通過廢棄的列車旁。

開羅機場裡的廢棄物

隔天清晨，我五點起床前往機場。前一夜因天色已晚而沒拍到照片，這天早晨，我終於成功拍攝到廢棄的列車照片，請見照片①。

這天的日歸小旅行，要前往距離開羅二小時航程的亞斯文水壩。在相當通風的候機室等了大約一小時，身體開始冷到發抖，然後我搭上了飛機。

不久後，飛機開始緩緩移動，在繞行航廈後駛向起降跑道。我終於鬆了一口氣，開始啃起準備好的特大三明治。此刻，令人難以置信的光景再度映入眼簾。

大型飛機的機體傾圮於停機坪的一角，不只一架，而是有四架之多。機體堆滿灰塵，似乎被擱置於此多年。若只有一架，還可以自行解釋是因為什麼特殊的原因以致如此，但因為有四架廢棄飛機，也只能說是被故意丟棄在這裡了。

因為機場內禁止拍攝飛機的照片，所以我沒相關照片可以分享，但同行朋友也目睹了那些廢棄的飛機，相信那些被棄置在停機坪上、幾近腐朽的飛機不是我的幻覺。

電車、飛機老舊以後，埃及人就直接將它們丟棄嗎？不會解體後將零件再利用，也不會熔化機體，回收再利用嗎？

照片① 開羅站的廢棄列車

攝影：作者

丟棄的人

會議結束後，我在餐敘上詢問了日本企業派駐開羅的職員。

「為何埃及人會把老舊的電車、飛機棄置不理呢？他們不會回收再利用嗎？」

在開羅生活多年的派駐員稍微思考後回答：「這麼說來，我好像真的沒看過什麼汽車回收廠。雖然一直以來都沒特別留意，但仔細想想，他們似乎根本沒有像日本這樣的回收廠商。」

看來埃及人沒有回收的概念，東西老朽後就是直接丟棄。

其實，不只埃及人有這種丟棄的習慣，美國人也一樣直接丟棄不再需要的飛機。《國家地理》雜誌二〇一〇年九月號曾刊載亞利

照片② 美國的飛機墳場

照片提供：Aflo

桑那州飛機墳場的照片。那裡共有多達四百架老舊噴射機，就這樣被棄置在沙漠上。

照片②便是亞利桑那州飛機墳場的照片。這種飛機墳場在「好浪費」意識深植的日本人眼中，簡直是天方夜譚。

在語言、宗教、思考模式上，埃及人與美國人都不盡相同，但他們丟棄老舊物資這點卻不謀而合。

埃及人與美國人其實是行動模式相同的民族——也就是所謂移動的民族。

移動的民族

地球上大致可分為兩種民族，一是狩獵、遊牧的移動民族，另一種是農耕的定居民族。

世界史上的主角大都是移動民族。每當歐亞大陸、非洲大陸、阿拉伯半島的民族開始移動時，世界史很可能會進入劇烈的轉變期。

移動民族總是盡可能地攜帶最少的物資，以輕裝迅速移動。只要能征服新天地，便可獲得所需要的資源。對他們來說，如何迅速移動並在第一時間制伏新天地，才是首要任務。

因此，他們丟棄所有不需要或不好用的物品，認為不必再費心修好它們或將其再次利用。人們的意識不會停留在自己丟棄的物資上，任其被塵埃覆蓋、被沙子淹沒，最後就這樣消失了。

這就是移動民族的行為模式。

移動民族的遺傳基因依然留存在二十一世紀的埃及人與美國人身上。若只看到開羅、紐約等近代化都市的華麗百貨櫥窗，一定不會感受到他們也是移動民族一事。但若將目光轉向那些被丟棄的電車與飛機，就會明確感受到他們體內依然流著移動民族的血液。

現在的埃及人依然與過往在沙漠中移動的祖先一樣，丟棄不好用的物資，而且不再理會。從歐亞大陸渡海遷徙到美洲大陸的美國人，也和過往不斷西遷的祖先一樣，丟掉了所有不需要的物品。

當移動民族在歐亞大陸、阿拉伯半島上創造世界歷史的同時，日本文明在自歐亞大陸、遠東汪洋上浮現的列島悄悄誕生了。

不移動的民族

人們在浮現於遠東汪洋的日本列島上，創造出獨特的文明。

日本列島與歐亞大陸相隔著約兩百公里寬的海峽，此處海流相當激烈。歐亞大陸的震盪大移動，從未觸及這座日本列島，也從未有人征服此地。

背脊山脈於日本列島中央蔓延開來，山脈上無數河川紛紛流向日本海與太平洋，在出海口形成小小的濕地。日本列島上的狹小土地因被眾多海峽、山巒阻隔而更顯零碎。

大約三千年前，日本列島上的居民開始在這些相互隔絕的濕地上農耕。

稻米即財富。稻米可以保存與計量，而且能換到所需的物資。然而為了取得稻米，必須辛苦勞動。在積雪融化時引水灌溉、翻軟僵硬的土壤、種入幼苗，管理水源、除掉雜草，防止洪水入侵、割稻收成。到了冬天，為了製作耕作的道具而展開春季的準備工作，所以也同樣繁忙。

日本列島的居民靠著濕地與馬不停蹄的勞動，發展出稻作社會。圖①是廣重描繪的正在耕作的日本人。

圖① 「六十餘州名勝圖會」《伯耆 大野大山遠望》（歌川廣重）

出處：日本國會圖書館數位化資料

因為外界資源無法進入這些相互隔絕的土地，人們只能物盡其用土地上現有的物資。在此沒有不需要的物資，無論東西狀況好壞，人們總認為它是有用且可用的。不移動的日本列島居民因此養成了不丟棄的性格。

好浪費

從身上穿戴的和服，便可見到日本人對於物品的強烈執著。美麗的和服為自植物取得的綿與線製成，但在穿了數十年後，人們會把穿舊的和服改製成棉被再利用。幾年後，又把這些棉被改製成座墊繼續使用好幾年，最後再改製成夾腳木屐的鞋帶或抹布。等這塊布完成木屐鞋帶與抹布的功能後，人們才會燒掉它並令其回歸塵土，再次成為滋養棉絮等植物的養分。

同樣一塊布，其姿態卻不時改變；角色與功用也因而有所不同。對日本人來說，輪迴轉世的宗教思想並非僅限於大腦內的冥想，而是物資在實際生活中的存在模式。

「好浪費」始終是日本人熱愛的詞彙，漢字寫作「勿体が無い」。「勿体」（物體）意即「物體沒有固定的姿態與模樣」。物體會不斷改變外形與功能。

「勿体が無い」意指物體的姿態會不斷改變，每次改變都必定有其用途。

地形創造出來的性格

「好浪費」已成為日本人的口頭蟬。小時候父母總是斥責孩子：「別浪費。」等到自己為人父母時，也會向孩子耳提面命地說：「別浪費。」

放眼全世界，找不到第二個把這句話當成口頭蟬的社會。不斷重複著「好浪費」的日本人，建構了不丟棄物資且不斷回收再利用的社會。

若以日本的GDP來計算，將能源供給量設為一．〇，那麼歐盟全體為日本的一．八倍、美國為二．一倍、加拿大為三．一倍、中國為八．三倍、俄羅斯為十六．八倍。因而日本可說是超強的節能社會（圖②）。

一般認為，日本之所以建構出這樣一個節能社會，要歸因於「日本沒有天然資源」、「日本都將生產線外包給海外」。然而，相較於同樣缺乏天然資源、將生產線外包海外的歐洲，日本投入的能源顯然少多了。

深植日本人身心靈中的「好浪費」精神，創造出所謂近代的節能社會。

日本人之所以建構出這樣的節能社會，並非道德意識優越使然，也不是因為日本人比別國

圖② 每GDP一次性能源總供給量比較圖（2007）

（指標　日本=1）

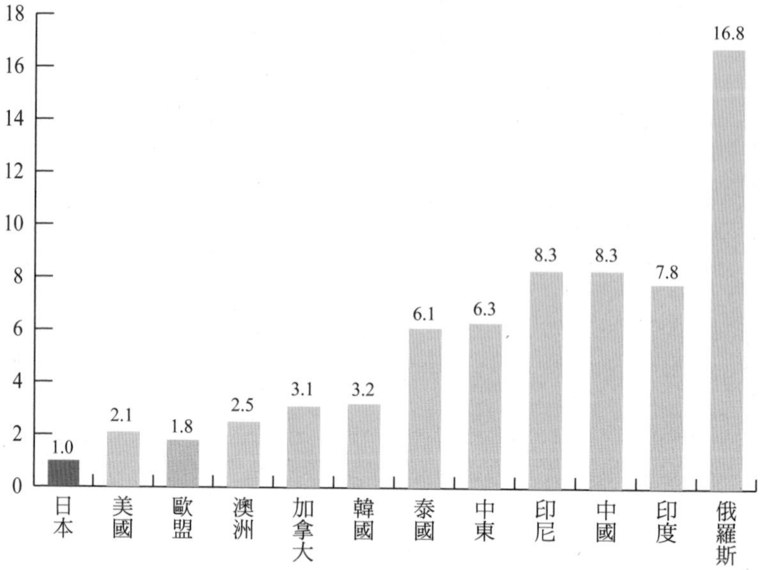

出處：《能源白皮書2010》（經濟產業省）

國民還聰明。

日本列島的地形，造就出日本人這樣的性格。

所謂的民族性，其實取決於其土地的氣象與地形。日本人這種「好浪費」的性格也是由此而來。

近代文明總是大量消費物資，然後再不斷丟棄。當然，奔馳於近代的日本人，也一樣重複著大量消費與大量丟棄的進程。然而，只要看到那張飛機墳場的照片就會受到衝擊，就表示日本人還沒失去所謂「好浪費」的精神。

在二十一世紀，絕對只有循環社會才得以維持低碳社會的運作。相信抱持著「好浪費」精神的日本人，將成為建構循環社會的領頭羊。

第16章

日本文明能存續下去嗎？

——格拉漢姆·貝爾的預言

如何確保能源，是人類始終無法擺脫的宿命命題。人類文明的起源是底格里斯河、幼發拉底河流域的美索不達米亞文明。此一文明有則著名的故事：「吉爾伽美什傳說」。

傳說的內容是人類和森林魔王（吉爾伽美什）作戰，砍伐森林裡的樹木來興建都市的故事。人類文明中最古老的故事，就是奪取森林的故事。

人類為了能源總能不擇手段，即使用罄整座山林也在所不惜。人類就是如此地砍伐世界各地的森林，進而將一座座山林砍伐殆盡。

畢竟人類無法生吃穀物，必須以火烹煮才能入口。對人類來說，能源就是生命本身。因此，為了生存，人類對能源抱著深深的業障。

江戶晚期，日本的森林被砍伐殆盡，只剩下一座座枯山；二十世紀時，人類為了石油引發世界大戰，國土全化作焦土；接著，二〇一一年三月十一日，核電廠的事故導致放射物質汙染了日本列島各地，讓福島居民陷入漫長的痛苦中。

日本究竟有沒有確保能源的辦法，而且能存活於未來呢？

◇─三一一之後

二〇一一年三月十一日東日本大地震後，日本人思考能源的方式產生了劇變。

日本人把三一一大地震前的能源思維全都趕出腦袋。此前日本人認為，自己擁有全世界最先進的核電廠，所以在社會生活中只要把所有事物電氣化，就可以讓能源趨於無限。核能相當環保，既不會排放二氧化碳，而且只需要核能這種能源就行了。這樣的氛圍一直縈繞於日本社會。

然而，這樣的狀況突然改變了。日本各地的核電廠全都停止運作，電力公司再次啟用古老且效率差的火力發電，導致石化燃料的進口量增加；從二〇一三年十二月到現在，日本依然處於連續十七個月史上最漫長的貿易赤字中。

安倍總理大臣也深感危機，因而表示：「三一一之後，石化燃料的用量驟增，每年光是增加的費用，就導致約四兆多日圓的國家財富流往海外。」

火力發電的燃料主要是碳、石油和天然氣。在發展上，不只先進國家，已開發國家和開發中國家等對石化燃料的需求也相當大。然而地球上的碳、石油與瓦斯都是有限的，數十年後勢必用罄。屆時價格高漲、能源枯竭的慘事肯定會發生。

若日本就此自地球上消失，那麼就無需思考未來的能源從何而來了。但我還是希望日本可以再生存一千年。不！其實我希望日本能夠永續生存。這麼說來，找出可以永續使用的未來能源，並著手準備取得該能源，是現在的當務之急了。

日本真的擁有能夠永續使用的能源嗎？

在回答這個未來的問題之前，我們先稍稍回到過去。

一百年前，有位美國人看出日本列島擁有無限的能源，預言了日本未來的發展。

這位美國人名叫格拉漢姆．貝爾（Alexander Graham Bell）。

照片① 格拉漢姆．貝爾

圖片提供：Aflo

貝爾的預言

一八九八年（明治三十一年），格拉漢姆．貝爾造訪日本。這位發聲生理學學者與教育家於一八七六年成功發明電話。他遠赴遠東的日本，在東京帝國飯店演講，然後在演講中讚頌了日本的未來。

「來到日本後，我發現這裡河川眾多而且水資源豐富。若將如此豐沛的水資源用作能源發電，相信將能促進經濟發展。使用電力不但可以驅動汽車，而若將蒸汽機轉化為電力，還可運用在生產活動上。日本只要善用自身得天獨厚的環境，將來的發展勢必相當驚人。」（節錄自《國家地理》）

日本的地形與氣象，正是無限能源的寶庫。貝爾身為研究地形的權威學者，已經看穿了這點——格拉漢姆·貝爾不僅身為美國國家地理學會（地理學）會長，也是《國家地理》雜誌的發行人。

位於亞洲季風帶的日本列島四面環海。一年四季吹向日本列島的風帶有濕氣，而且帶來大量雨和雪。這些雨、雪來到地表後成為河川中的流水，然後滾滾流入海中。

造訪日本的格拉漢姆·貝爾，親眼目睹了日本列島的地形與氣象。

太陽能的水力

太陽能絕對量大，而且無限存在。然而，太陽能有一關鍵的弱點。

那就是，太陽能的絕對量雖大，但每單位面積的能源量卻相當薄弱。

利用太陽能運作的太陽能發電及類似的風力發電，同樣苦於每單位面積的能源太弱。鑽研太陽能發電的學者仍在苦心鑽研，如何把蓄積的能源轉化成強大的電力。

雨水同樣屬於太陽能的範疇。海水在太陽照射後蒸發成雨，而降雨的單位面積能源也同樣薄弱。

然而，貝爾看見日本列島中的群山，經詢問後得知，列島有百分之七十的土地都是山脈。此外終年都會降雨與下雪。

雨滴落在這山巒起伏的列島上，匯集成小小的水道，這些流水又形成沼澤並沼澤化為溪谷，最後形成河川，以強大的力道順流而下。

日本國土的山岳地形，匯聚了小小的雨滴，進而形成強而有力的水流。

水流即能源，且是能夠無限存續的太陽能。

地理學者貝爾眼見水流滿溢的日本列島後預言，日本未來的水力發電大有可為。

如同貝爾的預言，明治之後的近代，特別是在圍繞著能源之戰開打的太平洋戰爭後，那段重建於遍地焦土中的復興期，日本都傾力發展水力發電。佐久間水壩、黑部水壩、田子倉水壩等，一個個水壩開發計劃讓日本人自戰敗的挫敗中奮起。

但在日本國內，大型水壩的建設已逼近飽和，水壩等大規模設施的建設期也逐一告終。

到了二十一世紀的今天，日本還有增強水力發電的餘地嗎？

當時貝爾的發言是對二十世紀的預言；到了二十一世紀，他的預言便淪為過時廢言了嗎？

不建造水壩

我曾任產官學的智庫JAPIC（一般社團法人日本Project產業協議會）水循環委員會的委員長。

這個水循環委員會簡單來說，就是聚集了一群熱愛水力的人。

在二〇一一年三月十一日之前，水循環委員會便以未來石化燃料枯竭為前提，著手探討增強水力發電的相關研究。三月十一日之前，據說推行火力發電、核能發電的電力公司都對這個委員會相當感冒，甚至還有電力公司的幹部直接向我投訴。

三月十一日，福島第一核能發電廠的事故讓電力危機浮上台面，日本的能源走向也為之一變，人們紛紛意識到能源問題的存在。此時，水循環委員會也更進一步地討論起增強水力發電的議題。

不過，我們在討論展開時設置了一個大前提，那就是「不建設新水壩」，

在一九八〇至一九九〇年代，反水壩的聲浪甚囂塵上。主流報社刊登了「水壩作罷」（譯註：原文為「ダムはムダ」，取水壩與無用二詞發音相似，直譯為水壩無用）的標題，水壩因而成為無意義公共事業的代名詞。至今此一後遺症也在日本社會殘存了下來。在討論增強水力發電的課題時，只要一提到水壩，許多反對的聲音還是會出現。

不僅如此，無論在地形或財政上，建設大規模水壩的時代確實結束了。因此，即使要增強水力發電，我們也得秉持一概不建設新水壩的原則。

不建造水壩的話，究竟要怎麼做，才能增強水力發電呢？

其實有可能做到，只要將既有的水壩徹底活用。

我們要做的，便是將既有的水壩導入水力發電，增加這些水壩的高度。

改變既有水壩的運用模式

日本水壩大都具備防洪、防缺水等多項功能，由國土交通省（譯註：約等同於台灣的交通部、建設部）與地方自治單位負責管理。

由於這些多功能的水壩多無用於水力發電。因此首要做的，便是在所有多功能水壩中設置發電機，以進行水力發電。

此外這類多功能水壩，也不乏許多值得再思考與探討的空間。同時具備防洪與防缺水等多功能的水壩，其實是讓同一座水壩擔負兩種完全相反的功能。為了防洪，水壩蓄水池要盡可能清空，以備納入洪水；反之為了防止缺水，則必須盡可能地讓蓄水池蓄滿水，以因應乾旱時期的缺水。

對於這種兼具兩種相反功能的多功能水壩，我們希望將其變更為以水力發電為主的發電水壩。換言之，就是要將為了防洪而清空的蓄水池儲滿水，再以這些水進行水力發電。只要蓄水池的水到達滿水位，致使其水位上升，水壓會增加，發電力也會增強。

但如此一來，多功能水壩的治水機能該何去何從？事實上，保持其功能的方法同樣存在。現在，我們約在三、四天前就能明確掌握颱風的路徑。從關西以至整個東日本的水壩，都名列颱風防洪計畫之中。只要確認颱風即將來襲，這些水壩便會事先洩洪，讓蓄水池的水位下降。清空蓄水池後，便可容納颱風帶來的豪雨與洪水，同時也確保調節洪水的機能。

增加既有水壩的高度

要增強水力，還有一個有效的方法——增加水壩的高度。

以土木技術的角度來看，增加既有水壩的高度相當可行，除了已有多個實例可供參考外，還能帶來絕佳的效果。

同樣的一尺若位於水壩下方的谷底，其蓄水效果並不大。若位於水壩最上方，就能有效蓄水。也就是說，水壩高度若增加，便能取得嶄新且有效的蓄水空間。

以蓄水量來看，若將既有的水壩增高十公尺，效果便等同於新建一座一百公尺的水壩。此外，增高既有水壩的工程對當地及自然環境的影響都不大。

若從增高水壩的觀點來看，二十世紀建造的許多水壩，其實都是為了未來子孫可以將其增高，而先行建構的基礎建設。

用電尖峰時期能否妥善供電始終為電力供應的問題之一，而水力發電也能簡單地解決此一問題。

在既有水壩的下游溪谷建設小型備用蓄水池。然後在用電量到達尖峰的那兩、三個小時以原本的水壩來發電。這麼一來，原本的水壩在全力供電與洩洪後產生的大量水源，便能暫存於下游的小型蓄水池中，接著再穩定放水至下游。

只要簡單的一個按鈕，水力發電就能因應尖峰時期的用電量。

增強分散型九三〇萬ＫＷ

我們試算了從北海道到沖繩、變更既有水壩的功能並展開增高計畫後的結果。

然後發現，可能產出全新的九三〇萬ＫＷ，即三二四億度（ｋｗｈ）的水力發電電力。

這等同於九座可發電一百萬ＫＷ的核電廠。

雖可等同於九座核電場，但此一水力增強計畫卻不是什麼大規模的開發事業，而是日本列島上，自北海道至沖繩的各地可獨自進行的中小規模分散型工程總量。

數百以至數千年後，石化燃料勢必會從地球上消失。正因身在如此關鍵的二十一世紀，才更應該為了未來，著手展開分散型水力發電增強計畫。

無論未來的社會是否出現全新的能源，日本列島都能擁有可永續發展的太陽能——水力，這其實是相當重要的寶藏。

貝爾的預言沒有成為過時的廢言。在二十一世紀的今天，這番預言愈發閃亮且充滿魅力。

「只要利用得天獨享的地形與氣象發展水力能源，日本一定能存續下去。」

第17章

【番外篇】埃及人為何要建造金字塔？①

——尼羅河的堤防

世界七大不可思議中排名第一的是埃及金字塔，為何人類要建造如此特殊的建築體，至今仍沒有定論。

全世界的考古學家探討這個問題已長達幾個世紀，即使提出許多假說，最後還是被其他學者從實證的角度一一否決。

即使在這樣的情況下，我仍毅然決然投入了金字塔目的的論爭。因為我聽說，目前各個假說中最具說服力的內容為：「金字塔本身並沒有特別的意涵，只是國王為了讓社會秩序不在洪水氾濫、穀物收穫欠佳時造成混亂，才將建造金字塔作為公共事業，命令人民執行。」

這個假說未免太小看古代埃及人了。古埃及的歷代王朝與人民，怎可能如此奮力地花費一千年，只為了建造一個沒用的建築體。他們的智慧、心血絕非沒有意義。

於是，筑波大學名譽教授高津道昭的著作成了我加入論爭的契機。

接下來，本章試著解開陳列於尼羅河畔約百座金字塔群的祕密。

下一章將闡述座落於吉薩平原上的三座巨大金字塔之謎。

充滿謎團的金字塔

埃及的金字塔是人類最珍貴的遺產，也是世界七大不可思議中的第一名。

金字塔之所以可以名列世界七大不可思議榜首，不只是因為它的體積龐大，而且直到今日，人們仍無法闡明其建造的目的。

在考古學家的努力下，許多金字塔之謎已一一解開。

金字塔是何時建造的？誰建造了金字塔？金字塔是如何建造的？

研究這些謎題的學科稱為金字塔學。早稻田大學的吉村作治教授就是日本金字塔學的權威。日本金字塔學學者以吉村教授為首，至今的研究成果普遍相當豐碩。

然而，還有一題至今尚未解開的謎題：「為何要建造金字塔？」

已經解開的謎題

①是誰，又何時建造？

西元前六〇〇〇年左右，也就是至今約八千年前，人們開始定居於尼羅河畔。之後在西元前三〇〇〇左右，也就是至今約五千年前，埃及王朝在尼羅河畔誕生了。

自埃及第三王朝的西元前約兩千六百年起，埃及共花了一千年左右打造出現存的這些金字塔群。意即在距今四千六百年前至三千六百年前的一千年間，金字塔陸續問世。這是學者研究後的一致見解。

②金字塔是如何建造的？

金字塔的建材取自尼羅河東部山巒的石灰岩。每年七至九月，尼羅河都會氾濫。在東岸取得的岩石，便能趁著尼羅河氾濫時以木筏運至西岸。

接著，岩石在西岸的停靠站卸貨，再放上滑車；然後以長長的斜坡或金字塔周圍的坡道將岩石往上搬運，然後向上堆疊、建造。

就這樣，「是誰」、「何時」以及「怎麼做」等謎題都一一破解。

然而，最重要的一點：「為何要建造金字塔？」依然是一個謎。

為何要建造金字塔？

建造金字塔的目的眾說紛紜。其中最著名的假說是王墓說。但包括吉村教授在內的大多數學者都否定了此說。因為已在別處發現國王的墳墓，若金字塔也是王墓，就有所矛盾了。

世界各地的學者提出了各種假說，像是：「日晷說」、「穀倉說」、「宗教儀式神殿說」、「天體觀測設施說」等。但無論哪一項都被具體的物證一一否決。

目前最有力的假說，是一九七四年德國考古學家孟德爾頌提出的「救濟農民之公共事業說」。

假說的內容為：「金字塔本身並無具體目的，僅僅作為救濟農民的景氣對策。在洪水氾濫時期若不展開救濟，勢必導致社會風紀混亂，進而威脅到王朝體制。」此一假說的優勢在於，其僅為一不以物證為基礎的「想法」，找不出具體的物證反駁它。

吉村教授對此假說也提出了如下看法：「不具意義的公共事業，反而不會引發爭端。金字塔是偉大的無用之物。」

但這樣的假說還是無法說服我。

從埃及第三王朝起約一千年間，古埃及人橫跨數世代，用盡智慧與血汗來建造金字塔。如此鎔鑄埃及人心血結晶的金字塔，絕不只是無意義的公共事業而已。人類不可能持續這種沒意義的事長達千年之久。

我可以賭上建造金字塔的古埃及人名譽，如此斷言：

「金字塔絕非無用的公共事業。它是影響埃及文明能否存續的關鍵事業，也是從事建造金字塔之古埃及人的驕傲」。

接下來我將說明此一說法的證據。

這個證據就隱藏在金字塔的所在地。

金字塔只聚集在尼羅河西岸

說到金字塔，相信大部分的人都會想到開羅市郊外，吉薩平原上的三座巨大金字塔。但這三座其實並非主要的金字塔群。

光是已發現的主金字塔群就超過八十座，若再加上未發掘的，相信應有多達百座。這百座左右的金字塔全都位於尼羅河西岸。

二〇〇八年，沙漠中又發現了一座新的金字塔，同樣位於尼羅河西岸。究竟為何執著於這個位置，研究視覺設計的高津道昭推理：「金字塔是消波塊」，並於一九九二年出版了《埃及人為何建造金字塔》（新潮選書）一書。

此一假說出自於一毫不視覺設計的觀點。但畢竟高津先生並非土木工程專家，所以其書中雖然解釋了消波塊、堤防出入口等用語，但土木學的部分仍不夠明確。

我贊成高津先生的說法，並想以河川技術專家的身分進行補充。

也就是說，這些金字塔群確實就是「消波塊」。

尼羅河西岸之謎

為何金字塔只建造在尼羅河左岸，也就是西岸呢？

圖①是尼羅河西岸金字塔群的分布圖。全部的金字塔如此整齊地建造於西岸絕非偶然，而是因為尼羅河西岸需要金字塔群。

尼羅河右岸，也就是東岸全是山岳。因此尼羅河東岸的水道路線較穩。

尼羅河西岸則是一望無際的利比亞沙漠。圖②即是尼羅河周邊的地形圖。

尼羅河侵蝕了西岸的沙地後，依然一路向西流；同時，西岸沙漠的沙也不斷流入河中，使得尼羅河隨時可能消失在沙漠中。圖①的西岸支流巴哈魯尤斯夫河就未抵達地中海，而是中途消失於沙漠中了。

尼羅河為埃及人運來了水與土石，尼羅河三角洲一帶的圍墾地尤需這些土石。

因此，為了讓尼羅河的水流安全抵達地中海，西岸亟需能夠穩定河道的堤防。但要在彷彿漫無止盡的尼羅河西岸建造堤防卻是難上加難。

於是，古代埃及人決定建造巨大的「消波塊」。

圖① 尼羅河西岸的金字塔群

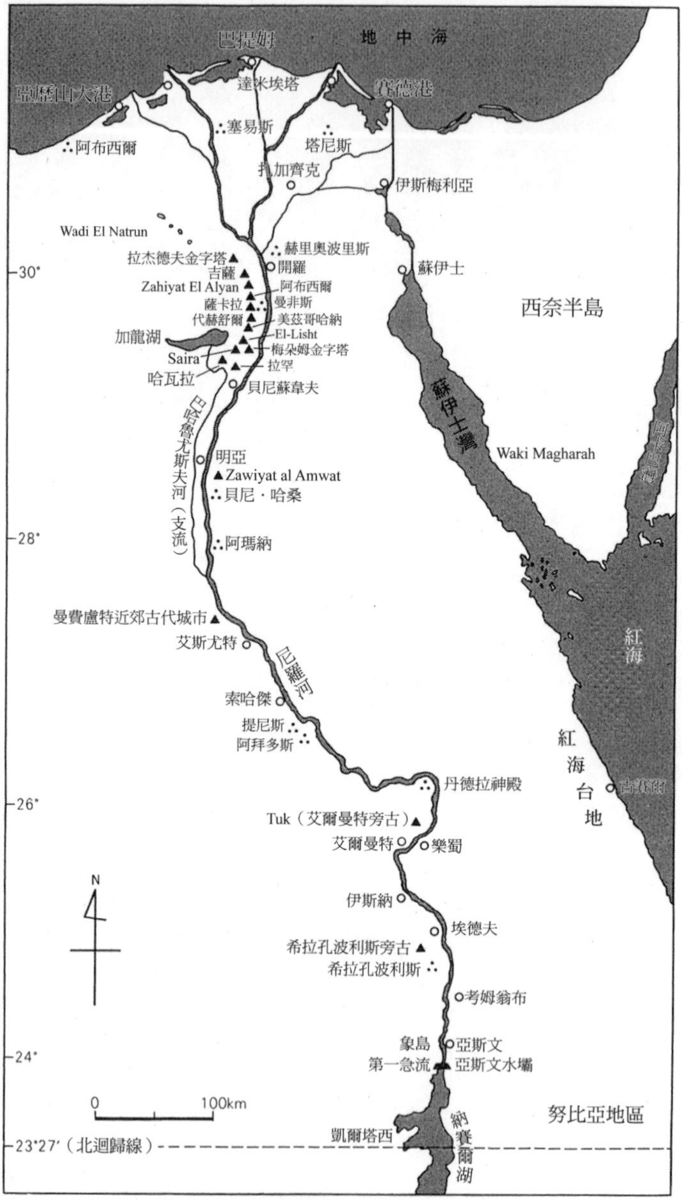

出處：高津道昭著，《埃及人為何建造金字塔》（新潮選書）

圖② 埃及的地形

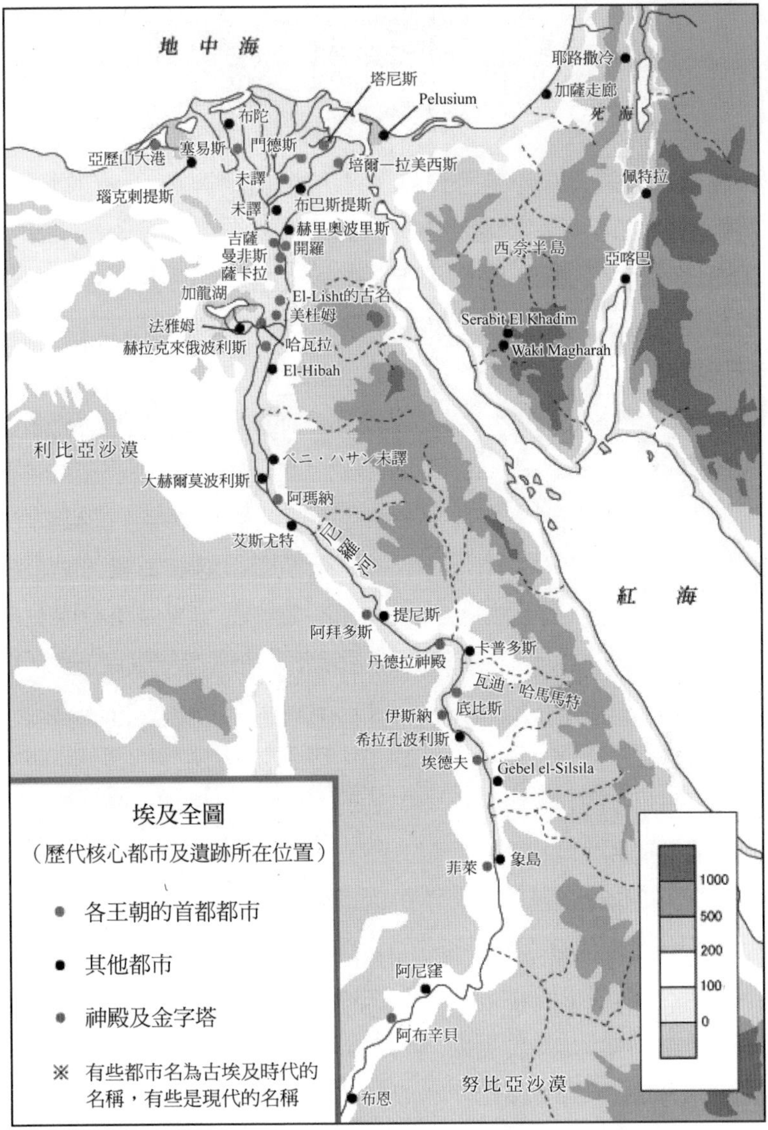
地中海
塔尼斯
Pelusium
耶路撒冷
加薩走廊
死海
布陀
亞歷山大港
塞易斯
門德斯
培爾一拉美西斯
瑙克剌提斯
未譯
未譯
布巴斯提斯
佩特拉
赫里奧波里斯
吉薩
開羅
曼非斯
薩卡拉
西奈半島
亞喀巴
加龍湖
El-Lisht的古名
美杜姆
法雅姆
Serabit El Khadim
哈瓦拉
赫拉克來俄波利斯
Waki Magharah
El-Hibah
利比亞沙漠
ベニ・ハサン未譯
大赫爾莫波利斯
阿瑪納
艾斯尤特
尼羅河
紅海
提尼斯
阿拜多斯
卡普多斯
丹德拉神殿
瓦迪・哈馬馬特
底比斯
伊斯納
希拉孔波利斯
埃德夫
Gebel el-Silsila
埃及全圖
（歷代核心都市及遺跡所在位置）
各王朝的首都都市
其他都市
神殿及金字塔
※ 有些都市名為古埃及時代的名稱，有些是現代的名稱
象島
菲萊
1000
500
200
100
0
阿尼窪
阿布辛貝
努比亞沙漠
布恩

出處：南風博物館

圖③ 江戶時代的海上木樁

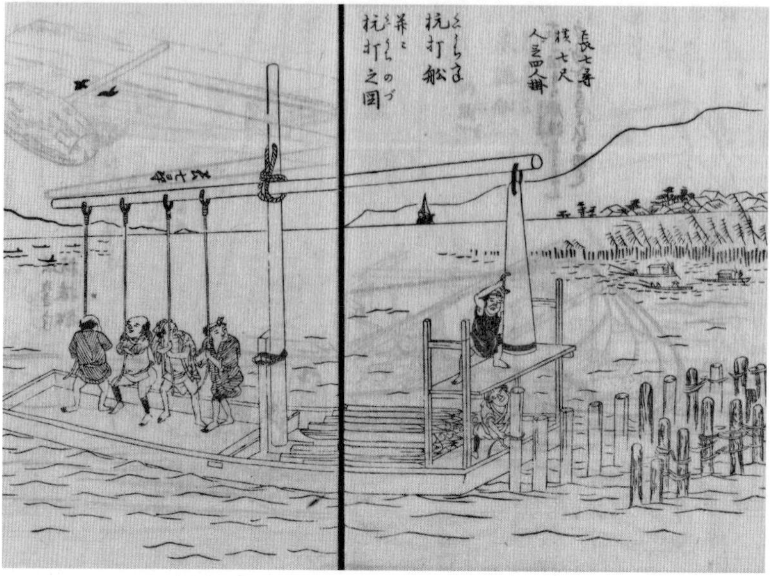

出處：大藏永常著，《農具便利論》（1822）
日本國會圖書館數位化資料

消波塊

日本也有消波塊。其中特別知名的是九州筑後川下游的消波塊。

據推測，筑後川河口的有明海圍墾地之開墾與形成大約始於一千年前；依史料則可斷定，其至少有數百年的歷史。在沒有農耕機械的時代，有明海的填海造陸都借助大自然潮汐運作的「消波塊工法」來進行。

筑後平原一帶的許多地名都含有「搦（からみ，有明海一帶消波塊之名）」一字。新開墾之地也有名為「大正搦」、「昭和搦」者。這都表示此地是由消波塊工法開墾而來。

這裡的「消波塊（からみ）」意指「相

圖④　消波塊工法

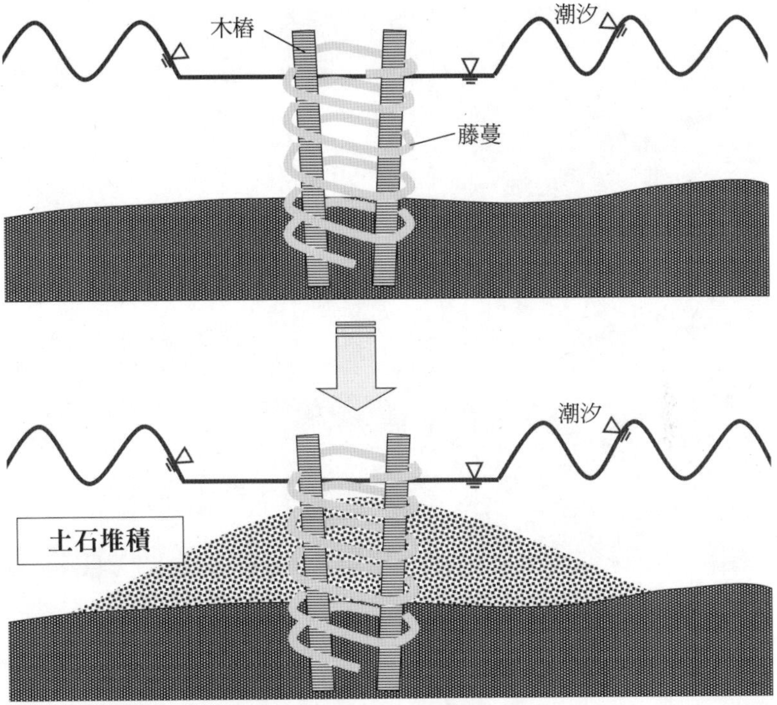

製圖：公益財團法人River Front研究所的竹村．後藤

連之法」。

首先，在淺灘、濕地上打入幾根粗壯的木樁。圖③是江戶時代之人將木樁打入海上的情境（大藏永常著《農具便利論》）。接著再以木條、木枝及竹片將木樁纏在一起，連成「消波塊」。

有明海每天會大漲退潮兩次。漲潮時，海水會帶來土石，遇到相連的木樁（消波塊）便會減速、沉澱，土石也就跟著下沉與沉澱了。

數月後，「消波塊」周圍就堆積了大堆泥土。泥土加壓後就會穩固與變硬。如此重複多次後，便會形成流線形的穩固地盤。圖

照片① 筑後川下游的圍墾地

④便是藉由「消波塊」填海造陸的示意圖。

於是，人們便把這穩固的地盤當成堤防，以土石填起其內側的濕地，進而打造出圍墾地來。照片①為二戰後有明海周邊圍墾地的空拍圖。「消波塊」打造而成的堤防，如扇子般呈現流線狀，可謂借用大自然之力完成的精彩工法。

此一「消波塊工法」並非日本獨有的技術。在人類文明發源地——埃及，同樣也大規模實行了此一「消波塊工法」。

那就是位於尼羅河西岸的金字塔群。

尼羅河西岸的「消波塊」金字塔群

尼羅河西岸一樣亟需堤防，但人們築不出

長達數千公里的堤防。古埃及人於是決定打造巨大的「消波塊」——金字塔。

每座金字塔之間都有適當的間隔。每年尼羅河氾濫的洪水都會帶來上游的土石，在金字塔周邊沉澱下來。土石隨著水流沉澱，然後堆積在金字塔周圍。

圖⑤是金字塔周邊土石堆積的示意圖。

數十年、數百年來，金字塔周邊堆積了無數的土石，這些土石堆慢慢與周遭的其他土石堆相連，形成連綿不斷的堤防。

因此，金字塔的形狀不一定是正四角錐，梯形也好，若為圓形也沒有影響。這也是為什麼之後挖掘出大約八十座金字塔，形狀各有不同，而且全都掩埋在沙土之中。

古埃及人借用了尼羅河的大自然力量，在西岸打造出綿延的堤防。這麼一來，尼羅河的河水便可確實地帶著水流與土石抵達地中海了。

剩下的謎團

耗費一千年建設的金字塔群，並非無用的公共事業，而是關乎文明能否存續的重要尼羅河治水工程。

這就是我針對尼羅河西岸，約一百座金字塔群的功能所做的說明。

圖⑤ 由金字塔群打造的尼羅河堤防

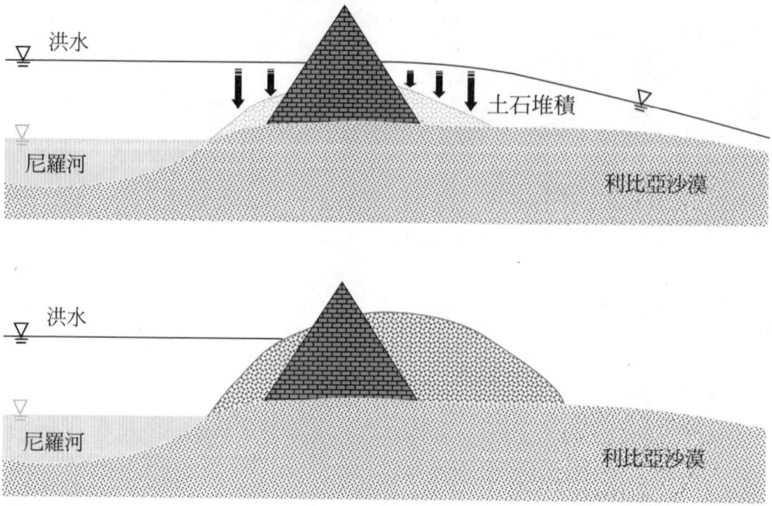

製圖：公益財團法人River Front 研究所的竹村・後藤

但還有個重大謎團沒有解開。就是建於開羅市郊外，吉薩平原上的三座巨大金字塔。

若說金字塔群是尼羅河西岸的堤防，那麼根本沒必要在河口附近的高地上建造三座巨大的金字塔。

吉薩平原上這三座金字塔究竟為何而建？

這無法以「尼羅河堤防」的觀點來說明。視覺設計學者高津教授在他的書中也沒提到這三座吉薩平原的金字塔。

我把尼羅河西岸約一百座金字塔群視作「消波塊工法」。

然而，吉薩平原上這三座金字塔絕非消波塊。

若解不開吉薩平原上這三座金字塔之謎，就不能說自己解開了金字塔之謎。

為了解開這個謎團，我又花了一年的時間。

第18章

【番外篇】埃及人為何要建造金字塔？②

——吉薩三座巨大金字塔之謎

建在尼羅河左岸的百座金字塔群是「作為尼羅河左岸堤防建設的『消波塊』」。

然而，此一堤防論依然沒有說中金字塔之謎的核心。考古學家議論的焦點主要仍放在吉薩平原上三座巨大的金字塔，究竟為何而建？

「尼羅河畔的金字塔群實為堤防」的說明，並無法解釋吉薩平原上的三座巨大金字塔。地勢較高的平原並不需要建造金字塔來當作防洪的消波塊。

吉薩平原上這三座金字塔，還真的難以解釋。我花了一年以上的時間，與這個謎題搏鬥。但卻在某一天，某個意想不到的場所，我不經意地解開了這道謎題。

吉薩平原三座巨大金字塔的答案，其實就是尼羅河畔百座金字塔群解答的延伸。

這必須回溯到「六千年前，地球海平面比現在還高五公尺」的時代。

這部金字塔物語，正是人類與河川共譜的壯闊抒情史詩。

大廈的反射

我工作的辦公室，即將從麴町搬到東京下町茅場町。

我也趁機開始力行從有樂町站步行至新辦公室，希望藉以改善運動不足的惡習。從有樂町走到辦公室約需三十分鐘。我喜歡走路，但問題是流汗。辦公室沒有淋浴間，而在走得汗流浹背後開始辦公，實在讓我吃不消。於是，我盡可能地選擇走在大廈與樓房的陰影下。

自有樂町沿著銀座中央通行走，沿路便會走在大廈的陰影下。接著，我在四丁目的十字路口轉向日本橋的方向，然後走在右側的步道上。白天總是熱鬧無比的銀座中央通，清晨時人煙稀少，倒也顯得十分清幽。

邊想事情邊走路，突然間發現我暴露在陽光之下。

我以為這是因為我走出了大廈的陰影。但太陽卻依然躲在我右手邊的銀座商場MELSA後方。原來，是銀座MELSA的玻璃壁面在晨光照射下閃閃發光。這道光是街道對側投來的反射光——街道對面大廈玻璃的反光照在此側大廈的玻璃上後，此一反光又再度照回對側的大廈上。

周邊各大廈的玻璃相互映射，形成了複雜的反光，我宛如置身於光之鑽石的中央。

照片① 反射太陽光的吉薩平原三座巨大金字塔

我在光源中心停下了腳步。

腦海中模糊的濃霧突然間散開了。

「就是這張照片！」我想起了一張照片，然後火速衝向辦公室。我在辦公室裡拿出與埃及相關的資料夾，將這張照片取出。

果真如此。照片①正是解開吉薩平原三座巨大金字塔之謎的關鍵。

吉薩的金字塔之謎

座落於尼羅河河口，吉薩平原上三座巨大金字塔被譽為金字塔建築的巔峰之作。

這三座金字塔建於西元前二五二〇年左右（約四五〇〇年前），排列方式呈南北縱列，由北而南分別是：現存高度一三八．八公尺的古夫金字塔、一三六公尺高的卡夫拉

照片② 解開吉薩平原三座巨大金字塔之謎的關鍵

金字塔，以及最南側六十二公尺高的孟卡拉金字塔。中央的卡夫拉金字塔因為建於地勢最高處，是最為高聳醒目的一座。

此外，金字塔表面曾以大理石鋪設，後來因遭盜而只留下部分痕跡，大都已看不到大理石。從照片②可見，我們腳邊的壁面上，還有些殘存的大理石痕跡。

若建造金字塔群的目的是為了防止尼羅河氾濫，那麼吉薩平原上的金字塔就真的是重重謎團了。

・沒必要在地勢較高的吉薩平原上建設金字塔。

・沒必要建造這麼高的金字塔。

・沒必要讓金字塔正面呈現如此完整的正四角錐形狀。

・表面不需特別鋪設大理石。

這些謎團的答案全都藏在照片①。照片中，三座金字塔的表面都反射了陽光，且各自折射出不同的光影。

這就是吉薩平原三座巨大金字塔的建造目的。

◇出現在尼羅河口的淺灘沙洲

從吉薩往下游走去，盡是一片廣大的三角洲。這裡是埃及農業的中心地帶「尼羅河三角洲」。

這片三角洲是在何時形成的呢？

答案相當明確——六千年前，也就是西元前四〇〇〇年前之後。

西元前四〇〇〇年，也就是六千年前，地球氣溫比現在還高，導致海水溫度上升、體積膨脹，陸地上的冰河也融化並流入海中，使得海平面比現在高出五公尺。在日本，此一現象稱為「繩文海進」。

六千年前，海平面比現在還高五公尺，因此當今世界各地的沖積平原，在當時都仍沉在海底，沖積平原的身影也尚未出現在地球上。

當然，尼羅河三角洲同樣也在海底。照片③便是現在的尼羅河河口三角洲與六千年前海底時期的三角洲比較圖。

地球的氣溫在六千年前到達高點後開始下降。海水體積收縮，冰河再次於陸地上形成，海平面也因此逐漸下降。於是，世界各地的河口，便出現了淺灘與沙洲。

尼羅河河口，同樣也出現了大片沙洲。

古埃及人深深被此沙洲吸引。

習慣荒涼沙漠的古埃及人，感到滋潤的沙洲有如天堂般令其欣喜若狂。

他們想擁有這片廣大的沙洲，將其開拓，並在上頭栽種農作物。他們決定動手開墾這片三角洲。

壯大的三角洲地標

雖然世界各地都在開墾沙洲，但沒有一個像尼羅河三角洲這樣龐大。

從吉薩至三角洲最前方的海岸線，直線距離約二百多公里，面積為四至五萬平方公里，比整個九州還大。要開墾規模這麼大的土地，可謂世界級的創舉。

此外，長滿蘆葦的整片三角洲，被古埃及人稱為「大片的綠」。他們就是在這一大片蘆葦圍繞的沙洲上進行開墾工程。

照片③-1 從太空梭拍攝當今的尼羅河三角洲

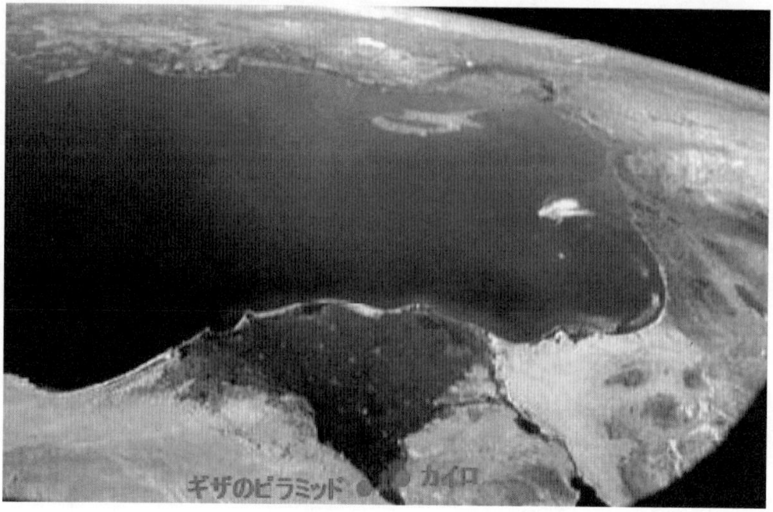

照片③-2 六千年前，尼羅河三角洲仍位於海底（海平面比現在高五公尺）

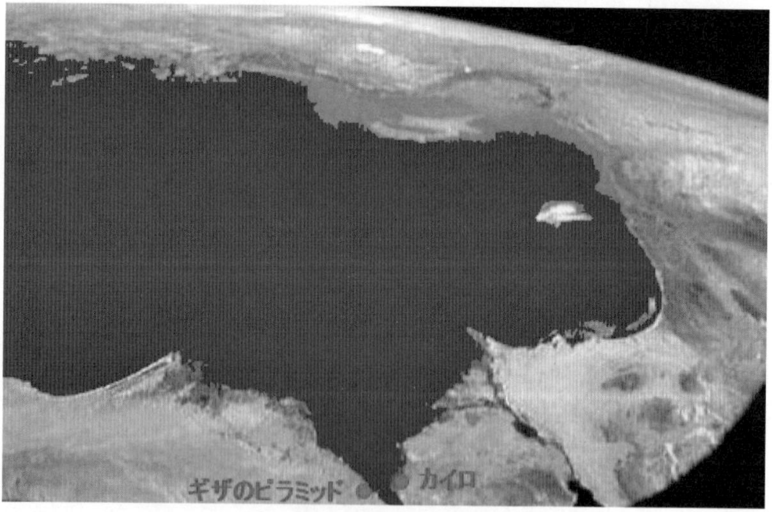

這是將1993年7月1日太空梭「奮進號」拍攝的照片原圖後製完成的成果
STS057-73-075 Image courtesy of the image Science & Analysis Laboratory, NASA Johnson Space Center, http://eol.jsc.nasa.gov
製圖：公益財團法人River Front 研究所的竹村・後藤

圖① 海平面變化與金字塔的建設

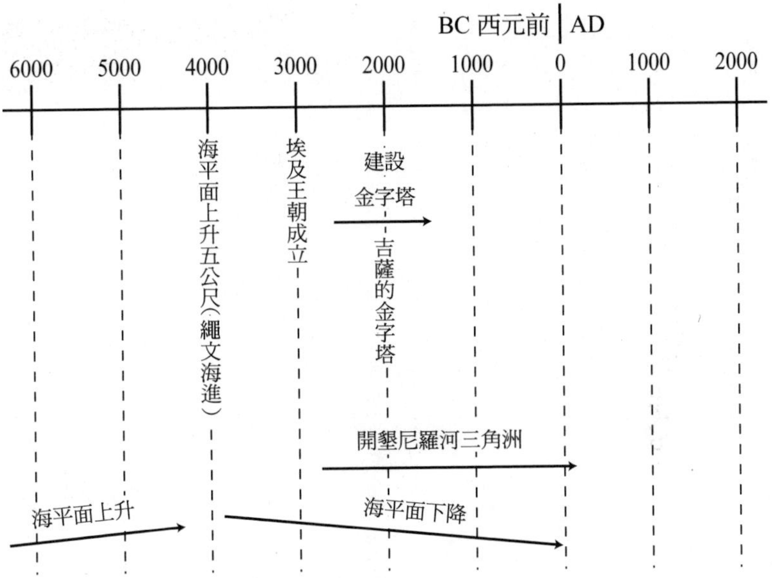

製圖：公益財團法人River Front研究所的竹村・富田

三角洲上，並非有水流入的地方就是上游；因為無法靠水流分辨位置，所以身處充滿蘆葦的三角洲常會失去方向感。要在這片一望無際的三角洲上工作，絕對少不了讓人得以辨認方向的燈塔。

自尼羅河西岸建起百座金字塔百年後，古夫王決定在吉薩平原上建造巨大的金字塔。圖①是古埃及文明的金字塔建設與尼羅河沙洲的關係示意圖。

從圖①明顯可見，海平面在六千年前，即西元前四〇〇〇年開始下降。歷經一千年後，到了西元前三〇〇〇年，埃及王朝成立。此時，尼羅河口已經出現水源豐沛的沙洲。古埃及人為了開墾沙洲，紛紛投身於三角洲中。

為了讓在三角洲工作的人能一眼看見燈

塔，必須從遠方也能清楚辨識才行。

所以才會在吉薩平原上建設金字塔，而且越高越好。

但為何要在吉薩建造三座金字塔呢？應該一座就夠了吧？

這是最後一道謎題。

◇──三座金字塔

我站在夏日清晨的銀座中央通上，置身於街道兩側大廈繁複折射的光之中，突然間這道謎題解開了。

從照片①也可看到同樣的現象。這是我前往埃及參加國際會議時的紀念照，後方是吉薩平原的三座金字塔。

照片中三座金字塔表面各自折射出不同的複雜光影。

若只有一座金字塔，當太陽位置與觀看方向轉變，金字塔表面便有可能置身於陰影下，如此一來便失去了燈塔的功能。

若有三座金字塔，就能確保一定有座金字塔表面能夠折射陽光。

閃閃發光的大理石就像鏡面，不但能反光，還可以照射到隔壁的金字塔上。

三座金字塔的光線相互反射，形成了繁複如鑽石的光影。

無論何時或身在何方，只要抬起頭來，都能看見閃閃發亮的鑽石。就是這道光讓古埃及人鼓起了勇氣，投身於嚴苛的開墾工程。

由此可知，吉薩平原三座金字塔的答案是：

・必須建在河口附近，地勢較高的地方。

・盡可能越高越好。

・為了讓光線反射，必須蓋成完整的正四角錐形狀。

・為了讓光線反射，必須在表面上鋪設宛如鏡面般的大理石。

尼羅河西岸百座金字塔群，形成了尼羅河的堤防。

吉薩平原上三座巨大金字塔，則作為開墾事業的燈塔。

金字塔是埃及文明誕生與發展進程中不可或缺的基礎建設。

金字塔之謎終於全都解開了。

文章出處

第1章　《CRI》2011年1月號
第2章　《CRI》2010年4月號
第3章　全新撰寫
第4章　《建設主張》2009年4月號
第5章　《CRI》2007年10月號
第6章　《CRI》2008年5月號
第7章　《CRI》2010年1月號
第8章　《CRI》2012年1月號
第9章　《建設主張》2004年10月號
第10章　《建設主張》2008年8月號
第11章　《建設主張》2003年11月號
第12章　《CRI》2011年10月號
第13章　《建設主張》2010年3月號
第14章　《建設主張》2003年2月號
第15章　《CRI》2012年7月號
第16章　全新撰寫
第17章　《CRI》2013年7月號
第18章　《CRI》2013年9月號

協助圖片搜集：《CRI》編輯部

◎本書由《建設主張》（建設公論社刊，連載時作者名為「島陶也」）、《CRI》（長谷工綜合研究所刊）連載內容加以修改和增補，並加上新撰寫的內容組織而成。

國家圖書館出版品預行編目（CIP）資料

藏在地形裡的日本史. 文明・文化篇：從地理解開日本史的謎團 / 竹村公太郎作；李雨青譯.
-- 初版. -- 新北市：遠足文化, 2020.02
面； 公分
ISBN 978-986-508-055-6（平裝）
1.歷史地理 2.日本史

731.69 109001629

特別聲明：
有關本書中的言論內容，不代表本公司／出版集團的立場及意見，由作者自行承擔文責

遠足文化 讀者回函

歷史・跨域 11

藏在地形裡的日本史（文明・文化篇）：從地理解開日本史的謎團
日本史の謎は「地形」で解ける（文明・文化篇）

作者・竹村公太郎｜譯者・李雨青｜責任編輯・龍傑娣｜校對・楊俶儻｜封面設計・紀鴻新｜出版・遠足文化・第二編輯部｜社長・郭重興｜總編輯・龍傑娣｜發行人兼出版總監・曾大福｜發行・遠足文化事業股份有限公司｜電話・02-22181417｜傳眞・02-86672166｜客服專線・0800-221-029｜E-Mail・service@bookrep.com.tw｜官方網站・http://www.bookrep.com.tw｜法律顧問・華洋國際專利商標事務所・蘇文生律師｜印刷・崎威彩藝有限公司｜排版・藍天圖物宣字社｜初版・2020年2月｜初版三刷・2023年3月｜定價・400元｜ISBN・978-986-508-055-6｜版權所有・翻印必究｜本書如有缺頁、破損、裝訂錯誤，請寄回更換